Science meets Practice

Reihe herausgegeben von
Marko Sarstedt, Institut für Marketing
Ludwig-Maximilians-Universität München
München, Deutschland

Das Ziel der Reihe Science meets Practice ist es, den neuesten Stand der Forschung zu einem klar umrissenen Gebiet für Marketer aufzubereiten. Die Autoren vermitteln klare und auf den neuesten Forschungsergebnissen basierende Empfehlungen, die Marketer unmittelbar in ihrem Alltag einsetzen können. Um dieses Ziel zu erreichen, werden die Inhalte prägnant und möglichst anschaulich vermittelt, ohne jedoch an Stringenz einzubüßen. Videos und Zusatzinformationen auf Webseiten, welche über die Springer More Media-App abgerufen werden können, reichern die Inhalte an.

Marko Sarstedt • Bernhard Wecke

Skalierung von KI im Marketing und die neue Rolle des CMO

Marko Sarstedt
Institut für Marketing
Ludwig-Maximilians-Universität München
München, Deutschland

Bernhard Wecke
IU International University
of Applied Science
München, Deutschland

Die Online-Version des Buches enthält digitales Zusatzmaterial, das durch ein Play-Symbol gekennzeichnet ist. Die Dateien können von Lesern des gedruckten Buches mittels der kostenlosen Springer Nature „More Media" App angesehen werden. Die App ist in den relevanten App-Stores erhältlich und ermöglicht es, das entsprechend gekennzeichnete Zusatzmaterial mit einem mobilen Endgerät zu öffnen.

ISSN 2730-714X ISSN 2730-7158 (electronic)
Science meets Practice
ISBN 978-3-658-37863-9 ISBN 978-3-658-37864-6 (eBook)
https://doi.org/10.1007/978-3-658-37864-6

Die Deutsche Nationalbibliothek verzeichnet diese Publikation in der Deutschen Nationalbibliografie; detaillierte bibliografische Daten sind im Internet über http://dnb.d-nb.de abrufbar.

Springer Gabler
© Der/die Herausgeber bzw. der/die Autor(en), exklusiv lizenziert an Springer Fachmedien Wiesbaden GmbH, ein Teil von Springer Nature 2022
Das Werk einschließlich aller seiner Teile ist urheberrechtlich geschützt. Jede Verwertung, die nicht ausdrücklich vom Urheberrechtsgesetz zugelassen ist, bedarf der vorherigen Zustimmung des Verlags. Das gilt insbesondere für Vervielfältigungen, Bearbeitungen, Übersetzungen, Mikroverfilmungen und die Einspeicherung und Verarbeitung in elektronischen Systemen.
Die Wiedergabe von allgemein beschreibenden Bezeichnungen, Marken, Unternehmensnamen etc. in diesem Werk bedeutet nicht, dass diese frei durch jedermann benutzt werden dürfen. Die Berechtigung zur Benutzung unterliegt, auch ohne gesonderten Hinweis hierzu, den Regeln des Markenrechts. Die Rechte des jeweiligen Zeicheninhabers sind zu beachten.
Der Verlag, die Autoren und die Herausgeber gehen davon aus, dass die Angaben und Informationen in diesem Werk zum Zeitpunkt der Veröffentlichung vollständig und korrekt sind. Weder der Verlag, noch die Autoren oder die Herausgeber übernehmen, ausdrücklich oder implizit, Gewähr für den Inhalt des Werkes, etwaige Fehler oder Äußerungen. Der Verlag bleibt im Hinblick auf geografische Zuordnungen und Gebietsbezeichnungen in veröffentlichten Karten und Institutsadressen neutral.

Planung/Lektorat: Barbara Roscher
Springer Gabler ist ein Imprint der eingetragenen Gesellschaft Springer Fachmedien Wiesbaden GmbH und ist ein Teil von Springer Nature.
Die Anschrift der Gesellschaft ist: Abraham-Lincoln-Str. 46, 65189 Wiesbaden, Germany

Springer Nature More Media App

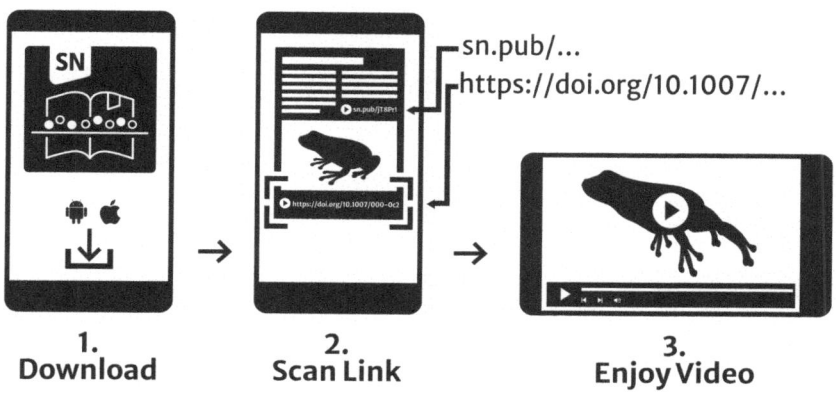

Support: customerservice@springernature.com

Vorwort

Marketer können viel von der Wissenschaft lernen – und umgekehrt kann sich die Wissenschaft natürlich von der Praxis inspirieren lassen. Um aber einen wirklichen Nutzen zu stiften, ist es sinnvoll, die oftmals sperrig daherkommenden Ergebnisse wissenschaftlicher Studien zu „übersetzen" und komprimiert darzustellen. Genau darum geht es in *Science meets Practice*!

Nicht nur in der Politik sollten Entscheidungen auf Basis wissenschaftlicher Erkenntnisse getroffen werden, sondern auch im Marketingkontext. So sehen es zumindest viele Marketingwissenschaftler. Dies setzt allerdings voraus, dass sich wissenschaftliche Studien auch mit praxisrelevanten Themen befassen. Genau das scheint aber auf den ersten Blick eher selten der Fall zu sein. So beschäftigen sich Wissenschaftler häufig mit komplizierten analytischen Modellen und Formeln mit einem nicht enden wollenden Schwall an griechischen Buchstaben. An anderer Stelle werden Ergebnisse mit einer Unmenge von Fachbegriffen garniert, die jeden Text selbst für ambitionierte Praktiker unlesbar machen. Agiert die Wissenschaft also auf akademischen Inseln, völlig losgelöst von der Welt da draußen? Ganz und gar nicht – das zeigt sich alleine schon daran, dass es heutzutage kaum noch möglich ist, in wissenschaftlichen Fachjournalen zu publizieren, ohne die Relevanz der eigenen Forschung anhand von Realdaten nachzuweisen. Die Zeiten, in denen es ausreichte, einige Studierende durch das universitätseigene Experimentallabor zu jagen und Ergebnisse unter maximal künstlichen Bedingungen als praxisrelevant zu verkaufen, sind längst vorbei.

Das Ziel der Reihe Science meets Practice ist es, den neuesten Stand der Forschung zu einem klar umrissenen Gebiet für Marketer aufzubereiten. Die Autoren vermitteln klare und auf den neuesten Forschungsergebnissen basierende Empfehlungen, die Marketer unmittelbar in ihrem Alltag einsetzen können. Um dieses Ziel zu erreichen, werden die Inhalte prägnant und möglichst anschaulich vermittelt, ohne jedoch an Stringenz einzubüßen. Videos und Zusatzinformationen auf Webseiten, welche über die Springer More Media-App abgerufen werden können, reichern die Inhalte an.

Auf geht's mit #1 der Science-meets-Practice-Reihe und der Frage, wie die KI-getriebene Marketingorganisation der Zukunft aussieht!

München, Deutschland   Marko Sarstedt

Was Sie in diesem *Science meets Practice* finden können

- Eine Beschreibung der neuen Rahmenbedingungen des Marketings, bedingt durch Markt, Wettbewerb und Technologie
- Eine Einführung in das Konzept der Künstlichen Intelligenz (KI)
- Eine Diskussion von Barrieren und Erfolgsfaktoren bei der Adaption von KI
- Die Beschreibung eines Gestaltungsrahmens für die Neuausrichtung der Ablauf- und Aufbauorganisation im Marketing in einer KI-geprägten Umwelt
- Konkrete Handlungsempfehlungen für die Einführung von KI in Ihrer Marketingorganisation

Inhaltsverzeichnis

1 **Künstliche Intelligenz als der Katalysator für die Modernisierung des Marketings** ... 1
  1.1 Die neuen Rahmenbedingungen für die Gestaltung von Marketingorganisationen ... 1
  1.2 Definition Künstliche Intelligenz ... 6
  1.3 Die Funktionsweise und Relevanz von Künstlicher Intelligenz am Beispiel Chatbot ... 7

2 **Herausforderungen bei der Einführung und Nutzung von Künstlicher Intelligenz** ... 11
  2.1 Studienübersicht ... 11
  2.2 Erfolgsfaktoren für die Einführung von KI ... 13
  2.3 Herausforderungen für einen Chief Marketing Officer ... 26

3 **Die neue Rolle des Chief Marketing Officers** ... 27
  3.1 Die KI-basierte Ablauforganisation im Marketing ... 27
  3.2 Die KI-basierte Aufbauorganisation im Marketing ... 32

3.3 Loslegen mit KI 36
3.4 Skalierung von KI im Unternehmen 40
3.5 Profil des CMO 44

**Was Sie aus diesem *Science meets Practice*
mitnehmen können** 49

Literatur 51

Über die Autoren

Prof. Dr. Dr. h.c. Marko Sarstedt ist Professor für Marketing an der Ludwig-Maximilians-Universität München und außerordentlicher Professor an der Babeş-Bolyai-Universität Cluj, Rumänien. Der Fokus seiner Forschung liegt auf der Verbesserung multivariater Analysemethoden um Konsumentenverhalten besser zu verstehen. Seine Forschungsergebnisse wurden in international führenden Fachzeitschriften, wie zum Beispiel Nature Human Behaviour, Journal of Marketing Research und MIS Quarterly veröffentlicht. Seine Veröffentlichungen zählen mit über 100.000 Zitationen zu den am häufigsten zitierten Beiträgen in den Sozialwissenschaften. Marko Sarstedt ist Mitglied der Clarivate Analytic's Highly Cited Researcher List. Im März 2022 wurde ihm für seine Forschungsleistungen und internationale Zusammenarbeit die Ehrendoktorwürde der Babeş-Bolyai-Universität verliehen.

Dr. Bernhard Wecke ist Experte für Marketing und Vertrieb, insbesondere in der digitalen Welt. Er füllte entsprechende Führungspositionen bei Telefonica Deutschland, Capita und zuletzt als Vice President Consumer Marketing bei Unitymedia aus. Seine Leidenschaft sind unternehmensweite Transformationsprozesse. Dazu passend hat er Anfang 2022 seine Promotion zum Thema „Künstliche Intelligenz in Marketingorganisationen" abgeschlossen. Seit November 2021 forscht und lehrt er an der IU International University of Applied Sciences.

1

Künstliche Intelligenz als der Katalysator für die Modernisierung des Marketings

Die Rahmenbedingungen für die Marktbearbeitung verändern sich grundlegend. Der Einsatz von Künstlicher Intelligenz (KI) unterstützt den CMO dabei, marktgerechte Lösungen zu entwickeln und dabei die Marketingorganisation neu zu erfinden.

„Im Zeitalter der Digitalisierung werden die Spielregeln für wirtschaftlichen Erfolg neu definiert (Moritz Roth, Inhaber und Geschäftsführer Mücke Roth Company)."

1.1 Die neuen Rahmenbedingungen für die Gestaltung von Marketingorganisationen

Die Aufgaben des Chief Marketing Officers (CMO) sind in jedem Unternehmen unterschiedlich ausgestaltet. Die Bandbreite reicht von der operativen Rolle des Vertriebsunterstützers über den Designer der Marke

Ergänzende Information Die elektronische Version dieses Kapitels enthält Zusatzmaterial, auf das über folgenden Link zugegriffen werden kann [https://doi.org/10.1007/978-3-658-37864-6_1]. Die Videos lassen sich durch Anklicken des DOI Links in der Legende einer entsprechenden Abbildung abspielen, oder indem Sie diesen Link mit der SN More Media App scannen.

© Der/die Autor(en), exklusiv lizenziert an Springer Fachmedien Wiesbaden GmbH, ein Teil von Springer Nature 2022
M. Sarstedt, B. Wecke, *Skalierung von KI im Marketing und die neue Rolle des CMO*, Science meets Practice, https://doi.org/10.1007/978-3-658-37864-6_1

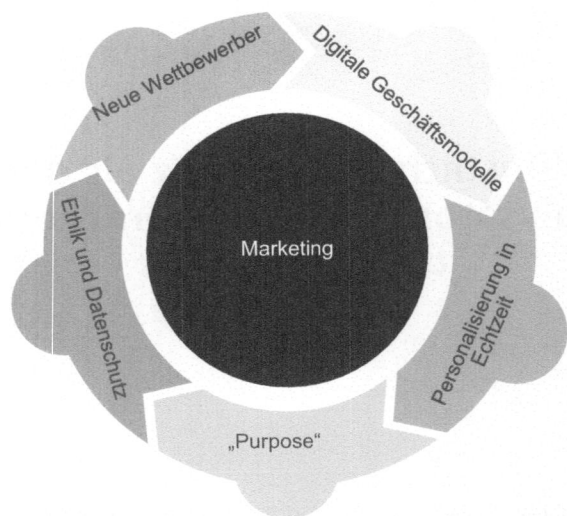

Abb. 1.1 Die neuen Rahmenbedingungen des Marketings

und der strategischen Wachstumsfelder bis zu einer umfassenden Verantwortung für alle kommerziellen Aktivitäten. Im Kern steht dabei immer, den Wachstumspfad eines Unternehmens zu beschreiben und die Umsetzung der Wachstumsinitiativen voranzutreiben (Du et al., 2020). Die Rahmenbedingungen für die Erreichung dieser Vorhaben haben sich in den letzten Jahren jedoch massiv verändert (Müller-Stewens et al., 2020). Dies zeigt sich in einer Reihe von innerorganisatorischen Entwicklungen und externen Einflussfaktoren (Abb. 1.1).

Neue Wettbewerber und digitale Geschäftsmodelle
Viele Unternehmen sehen sich in ihren Märkten mit neuen Wettbewerbern mit digitalen Geschäftsmodellen konfrontiert (Iansiti & Lakhani, 2020). Diese nutzen die durch die Digitalisierung gesunkenen Markteintrittsbarrieren und erhöhen die Marktdynamiken und damit die Anforderungen an die Reaktions- und Anpassungsfähigkeit in der Marktbearbeitung der Unternehmen. Die bestehenden Organisationsformen und Marketing-Prozesse liefern darauf keine Antwort und müssen neu strukturiert werden (Kalaignanam et al., 2021; Kumar, 2018).

Gleichzeitig explodieren die verfügbaren Daten und die darauf aufbauenden Lösungen im Bereich Marketing Technologie. Dies erhöht den Druck auf den Marketingentscheider, die bestehende Marketingsysteminfrastruktur anzupassen und dabei die Zusammenarbeit mit dem Chief Information Officer (CIO) neu zu gestalten (Sleep & Hulland, 2019).

Spotify – Der Produkt Case

Bei Spotify können mehr als 70 Millionen Songs abgerufen werden und täglich kommen 30.000 neue hinzu. Die aktuelle Nutzerzahl von Spotify beträgt ca. 380 Millionen.

Spotify entwickelte 2015 auf Basis von KI den kundenindividuellen „Mix der Woche". Hierzu werden mit Hilfe von Audiomodellen Songs nicht nach Genre, sondern nach bestimmten Attributen wie Lautstärke oder Rhythmus gruppiert. Zudem werden durch KI nutzerindividuelle Präferenzmodelle entwickelt und mit den Audiomodellen verknüpft. Auf der Basis dieses Matchings wird der persönliche „Mix der Woche" aus 30 Songs bereitgestellt, die sich noch nicht in der Playlist des Nutzers befinden.

Spotify wächst jährlich um 30 Millionen Nutzer. Den stärksten Anstieg verzeichnete das Unternehmen mit Einführung des Produkts „Mix der Woche" (Brandt, 2021; Statista, 2022).

Ethik und Datenschutz als neue Elemente des „Purpose" mit fortschreitender Personalisierung

Auch das Kundenverhalten sowie die Kundenerwartungen an die Interaktion und Kommunikation mit Unternehmen haben sich radikal gewandelt (Kumar, 2018). Personalisierte Marketingkommunikation gewinnt die Aufmerksamkeit der Kunden. Bei Anfragen werden Antworten in Echtzeit erwartet. Weiterempfehlung und Kundenbewertungen lösen die Marketing- und Produktbotschaften als Hauptreiber der Kaufentscheidung ab (Kumar, 2018). Dabei muss ein rechtlich einwandfreier und aus Kundensicht vertrauensvoller Umgang mit Kundendaten sichergestellt werden (Martin & Murphy, 2017). Gleichzeitig werden die Anforderungen von Kunden, aber auch Mitarbeitern höher, dass die Unternehmen ihrer ethischen und sozialen Verantwortung in der Gesellschaft gerecht werden. Die Unternehmen müssen sich diesem Anspruch stellen, indem sie ihren Zweck („Purpose") breiter definieren als ausschließlich über den Geschäftserfolg (Dhanesh, 2020).

Die Rolle des CMO im Management Board
Die geänderten Marktbedingungen haben sich natürlich auch auf die Organisationsstruktur und die Rollendefinition der Unternehmen ausgewirkt. In den Bereichen Digitalisierung und Innovation nehmen IT-Bereiche eine zunehmend gestaltende Rolle ein. Zudem führen Unternehmen den Chief Digital Officer (CDO) als neue Funktion ein. Dieser soll die Unternehmen auf die Anforderungen der aufgrund der Digitalisierung gestiegenen Marktdynamik vorbereiten. Damit verliert der CMO seine Führungsrolle als Innovationstreiber (Müller-Stewens et al., 2020). Zudem werden verstärkt Chief Commercial Officer-Rollen ausgebaut, die alle marktgerichteten Aktivitäten der Unternehmen bündeln und verantworten. Dadurch wird auch der kommerzielle Handlungsspielraum des CMO eingeschränkt. Demgegenüber steht die vor allem durch den Chief Financial Officer (CFO) formulierte Anforderung, die Wirksamkeit der Marketingmaßnahmen transparent darzulegen, mit Blick auf den Return on Investment (ROI) auszusteuern und einen messbaren Beitrag zum finanziellen Ergebnis zu leisten (Homburg et al., 2015; Müller-Stewens et al., 2020; Raithel et al., 2012).

KI als Motor für Innovation und operative Ergebnisse
Die oben beschriebenen Rahmenbedingungen erfordern vom CMO eine umfassende Erneuerung der Marketingstrategie, -organisation, -kompetenzen und -abläufe. Die Studie von Verhoef und Leeflang (2009) weist dazu den Weg. Der Einfluss des Marketings steigt mit der Fähigkeit, Innovationen voranzutreiben und die Verantwortung für die operativen Ergebnisse zu übernehmen. Der Einsatz von Verfahren der Künstlichen Intelligenz (KI) kann dabei eine zentrale Rolle einnehmen. Eine Studie von McKinsey (Chui et al., 2018) zeigt auf, dass die Nutzung von KI im Marketing und Vertrieb den größten Wertbeitrag liefert. In der Zukunft wird KI die tiefgreifende Transformation sämtlicher Marketingdisziplinen antreiben (Davenport et al., 2020). Eines der Kernanwendungsgebiete von KI liegt hierbei in der Kundenkommunikation. Sie unterstützt bei der Analyse von Kundenbewertungen und -empfehlungen und kann die Forderung der Kunden nach Personalisierung erfüllen (Kaplan & Haenlein, 2019). Darüber hinaus wird die optimale Aussteuerung der Marketingbudgets ermöglicht (Rai, 2020). Die Nutzung von KI bedingt die techno-

logische Infrastruktur weiterzuentwickeln (Ransbotham et al., 2017), führt zu tiefgreifenden Änderungen im Marketingprozess und erhöht damit die Wendigkeit von Unternehmen in der Marktbearbeitung (Jarek & Mazurek, 2019). Sie erfordert, die Bereiche Datenschutz und Ethik zu definieren (Kaplan & Haenlein, 2020) und kann den Anstoß geben, den Sinn des Unternehmens neu zu denken.

> **Starbucks – Der Strategie Case**
> Starbucks bedient jeden Tag ca. 20 Millionen Kunden in 80.000 Filialen und bietet dabei 87.000 unterschiedliche Kombinationen ihrer Kaffeeprodukte an.
> Die digitale Strategie von Starbucks basiert auf dem Ziel, den weltweit besten personalisierten Service anzubieten. Die Elemente der Strategie sind dabei die Entwicklung individueller Angebote, die tägliche Bereitstellung von Prämien sowie ein möglichst einfacher Bestell- und Bezahlprozess. Basis hierfür ist die Starbucks-App, welche die Personalisierung der strategischen Elemente dem Kunden in Echtzeit zur Verfügung stellt. Dies gelingt über eine weltweite Kundendatenplattform, auf deren Basis KI-Modelle die Services personalisieren.
> Die KI-basierte digitale Strategie führt zu einer Verdopplung der Marge je Kunden bei gleichzeitig steigender Kundenzufriedenheit (Barsky, 2021; Berthiaume, 2020; Starbucks, 2021).

Die Einführung und Skalierung von KI erfordert sowohl im Marketing als auch im Gesamtunternehmen einen grundlegenden Veränderungsprozess. Damit dieser gelingen kann, muss die Ablauf- und Aufbauorganisation angepasst werden. Zudem muss der CMO einen pragmatischen Weg finden, erste Erfahrungen beim Einsatz von KI zu gewinnen und mit Hilfe der daraus abgeleiteten Erkenntnisse, den Transformationsprozess im Gesamtunternehmen zu unterstützen. Im Zuge dessen ändern sich die Erwartungen und Anforderungen an die Rolle des CMO grundlegend.

Ein Unternehmer, der die Entwicklung von KI in Deutschland maßgeblich geprägt hat, ist Alexander Thamm. In seinem Interview (siehe Video Abb. 1.2) erklärt Alexander, wie er und sein Team dem Thermomix smartes Kochen beigebracht haben und wo seiner Meinung nach KI im Marketing in 10 Jahren stehen wird.

Abb. 1.2 Interview mit Alexander Thamm (Bitte verwenden Sie zum Abspielen dieses Videos die SN More Media-App und scannen Sie die folgende URL: (▶ https://doi.org/10.1007/000-78n))

1.2 Definition Künstliche Intelligenz

Der Begriff der KI ist bisher nicht abschließend definiert (Bruyn et al., 2020). Aus der Vielzahl der Definitionsversuche lassen sich allerdings zwei Kernelemente herausarbeiten. KI nutzt **Maschinen oder Systeme**, um Ergebnisse zu erzielen oder Handlungen auszulösen, die als **intelligent** bezeichnet werden können (Hair & Sarstedt, 2021; Tambe et al., 2019). Intelligenz wird in diesem Zusammenhang als Lern- und Anpassungsfähigkeit beschrieben (Kaplan & Haenlein, 2019). Andere Definitionen konkretisieren KI um die Perspektiven der Nutzung von Daten und der Ziel- und Aufgabenorientierung (Overgoor et al., 2019). Seltener findet sich die Beschreibung von KI als Erweiterung der menschlichen oder organisatorischen Fähigkeiten (Alsheiabni et al., 2019).

Im Marketingkontext kann „Maschinen und Systeme" mit „Marketingtechnologie" übersetzt werden. Die genutzten Daten entsprechen in der Regel den zur Verfügung stehenden Markt- und Kundendaten. Intelligenz bezeichnet den Erkenntnisgewinn sowie die Anpassungs- und Reaktionsgeschwindigkeit im Wettbewerb und vor Kunde. Eingesetzt werden die Verfahren der KI in den Bereichen Kundeninsights, Produkte oder Services und Go-to-Market in Kommunikation, Vertrieb und Kundenservice. Die Ziele umfassen die Steigerung des Umsatzes, der Produkt- und Servicequalität und der Kundenzufriedenheit sowie die Optimierung des Mitteleinsatzes.

> **Marketing KI**
>
> Marketingtechnologie nutzt relevante Kunden- und Marktdaten, um über den abgeleiteten Erkenntnisgewinn und eine höhere Anpassungs- und Reaktionsgeschwindigkeit in den Bereichen Kundeninsights, Produkte und Services, Go-to-Market in Kommunikation, Kundenservice und Vertrieb eine Verbesserung der Kundenzufriedenheit, des Umsatzes oder des Ressourceneinsatzes zu erreichen (Wecke, 2022).

1.3 Die Funktionsweise und Relevanz von Künstlicher Intelligenz am Beispiel Chatbot

Am Beispiel der Nutzung eines Chatbots in der Interaktion mit Kunden im Kaufentscheidungsprozess eines E-Commerce Shops kann dargestellt werden, wie der Einsatz von KI einen Beitrag zur Neuausrichtung der Marketingorganisation leisten kann. Abb. 1.3 gibt einen

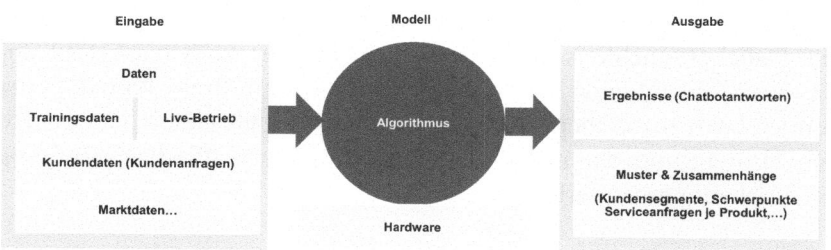

Abb. 1.3 Funktionsweise von KI auf Basis von maschinellem Lernen

knappen Überblick über die grundsätzliche Funktionsweise von KI im Kontext eines Chatbots.

Der Chatbot eignet sich für einen ersten Piloten, extern Marketingtechnologie einzukaufen und anzubinden, da für diese Technologie schon ausgereifte Lösungen am Markt erhältlich sind. Er ist ein virtueller Assistent, der automatisiert eine natürliche Konversation mit einem Nutzer führen kann. Dabei kann er in Bereichen der Gewinnung von Kundeninsights, als Service oder in der Go-to-Market Kommunikation eingesetzt werden. Er generiert durch die Nutzung der Kunden neue Informationen, hilft als Serviceelement im Entscheidungsprozess und kann durch einen auf Kaufabschlüsse trainierten Algorithmus die Kundeninteraktion beeinflussen. Im Zuge dessen, verringert er durch die vollständige Automatisierung die Kosten in der Marktforschung und in der Verkaufsunterstützung. Aufgrund der abschlussorientierten Ausrichtung trägt er zur Umsatzsteigerung bei und erfüllt somit die Anforderung, die Marketingeffizienz zu erhöhen. Er liefert darüber hinaus sowohl Informationen zu Wettbewerbsangeboten als auch zur Veränderung der Kundenbedürfnisse und stellt somit eine zusätzliche Quelle beispielsweise zur Entwicklung neuer Geschäftsmodelle dar. Des Weiteren erhöht sich durch den schnellen marktnahen Erkenntnisgewinn die Reaktions- und Anpassungsgeschwindigkeit. Die Basis für den Chatbot ist die Zusammenführung und Auswertung aller relevanten Informationen wie Kundenstammdaten, genutzte Marketingkanäle oder Verhalten auf der Webseite. Dadurch wird es möglich, dem Kunden in Echtzeit der Nutzungssituation entsprechend Unterstützung zu bieten. Wichtig ist dabei, dem Kunden gegenüber transparent zu sein, dass es sich bei der Unterstützung um eine Maschine und nicht einen Menschen handelt. So kann der Kunde entscheiden, ob er eine derartige Lösung in Anspruch nehmen will. Dabei empfiehlt es sich, datenschutzbezogene Vorbehalte des Kunden aktiv aufzugreifen und die rechtlich einwandfreie Nutzung der Kundendaten zuzusichern. Abb. 1.4 fasst die Vorteile eines Chatbots vor dem Hintergrund der neuen Rahmenbedingungen für die Gestaltung von Marketingorganisationen zusammen.

Einsatzgebiete	Kundeninsights	Produkte und Services	Go-to-Market
Rahmenbedingungen	Chatbot nutzt bestehende Erkenntnisse und generiert über die Zeit neue Informationen über Kundenverhalten/-bedürfnisse	Der Chatbot ist ein Service für den Kunden im Kaufentscheidungsprozess	Der Chatbot wird in der Kundenkommunikation und interaktion eingesetzt
Neue Wettbewerber/ digitale Geschäftsmodelle	Generiert fortlaufende Informationen zu den Wettbewerbsangeboten	Generiert fortlaufende Informationen zu den Kundenwünschen	
Datenschutz		Ermöglicht Reifegradbestimmung in Bezug auf DSGVO	
Ethik			Erfordert Transparenz gegenüber dem Kunden
Personalisierung			Erlaubt Personalisierung und Reaktion in Echtzeit
Umsetzung			
ROI-Orientierung	Verringert die Kosten im Bereich der Marktforschung durch Nutzung der Daten aus echten Kundeninteraktionen	Verringert die Kosten in der Verkaufsunterstützung durch Automatisierung	Erhöht den Umsatz durch Verbesserung der Abschlussraten
Marktdynamik			Schnelle Umsetzung auf im Wettbewerbsumfeld angepasste Angebote
Daten	Erfordert Konsolidierung der Datenquellen (bspw. Webseite und CRM System)		
Marketingtechnologie		Reifegrad erlaubt schnelle Umsetzung durch Einkauf der Technologie	

Abb. 1.4 Vorteile eines Chatbots als Referenzprojekt zur Nutzung von KI

2

Herausforderungen bei der Einführung und Nutzung von Künstlicher Intelligenz

> Die Ergebnisse zahlreicher wissenschaftlicher Studien liefern konkrete Ergebnisse und Denkanstöße für die Marketingpraxis im Hinblick auf die relevanten Erfolgsfaktoren bei der Adaption von KI.

„Eine wissenschaftliche Theorie gepaart mit der Praxiserfahrung und dem Verständnis der individuellen unternehmerischen Rahmenbedingungen liefert konkrete Handlungsempfehlungen für die praktische Umsetzung (Joe F. Hair, Cleverdon Chair of Business, University of South Alabama)."

2.1 Studienübersicht

KI hat nicht nur in der Unternehmenspraxis große Aufmerksamkeit erfahren, auch die Wissenschaft setzt sich seit vielen Jahren mit Methoden und Auswirkungen von KI auseinander. Studien im Bereich der Marketing- und der Organisationsforschung fokussieren sich insbesondere auf Aspekte wie das Zusammenspiel der Menschen mit neuen Technologien, menschliche Fähigkeiten sowie Organisationsstrukturen und -abläufe.

Zusammenwirken von Menschen mit Technologie
Jarrahi (2018) setzt sich mit der Fragestellung auseinander, ob in naher Zukunft die Menschen durch Maschinen ersetzt werden und ihre Arbeitsplätze verlieren. Diesen Aspekt greift er auf und analysiert diesen anhand von Entscheidungssituationen, die von Unsicherheit, Komplexität und Mehrdeutigkeit gekennzeichnet sind. Auf Basis der Ausführungen schlussfolgert der Autor, dass KI eher komplementär angesehen werden sollte. Er erläutert, wie ein Zusammenwirken gelingt und endet mit der Forderung, dass KI-Anwendungen mit der Intention, menschliche Entscheidungen besser zu machen und nicht Menschen zu ersetzen, eingeführt werden sollten. Wilson und Daugherty (2019) verweisen in diesem Zusammenhang auf die Rolle des Managements, die Geschäftsprozesse neu auszurichten. Das im Zuge dessen neu definierte Zusammenspiel der unterschiedlichen Stärken von Menschen und Technologie soll einen entsprechenden Mehrwert für die Unternehmen stiften. Kaplan und Haenlein (2020) spannen den Bogen noch weiter, indem sie die Herausforderung in einen gesamtgesellschaftlichen Kontext wie bspw. die Auswirkungen von KI auf Politik, Beschäftigung oder Gesetzgebung stellen.

Menschliche Fähigkeiten
Huang et al. (2019) führen den Begriff der „Feeling Economy" ein. In dieser übernimmt die KI auch kognitive bisher ausschließlich dem Menschen zugesprochene Aufgaben. Dadurch verlagert sich der Fähigkeitsschwerpunkt von Mitarbeitern zu Aufgaben, bei denen die sozialen Kompetenzen wie Empathie (innerhalb der Organisation, aber auch im Hinblick auf Kunden und Unternehmensnetzwerk) im Vordergrund stehen (Wecke, 2022). Im Detail untersucht diesen Sachverhalt die Studie von Infosys (2017), die sich unter anderem der Frage widmet, welche Fähigkeiten in einer von KI-geprägten Welt am meisten gefragt sein werden. Ein Beispiel hierfür ist ein erhöhter Kompetenzbedarf im Bereich der Datensicherheit. Kolbjornsrud et al. (2016) beleuchten zudem die veränderten Anforderungen an die Managementrolle wie bspw. ein größerer Fokus auf der Entwicklung kreativer Lösungen anstatt auf administrative Aufgaben.

Organisation
Brock und Wangenheim (2019) stellen fest, dass es kaum empirische Untersuchungen gibt, die dem Management den Weg zur Gestaltung der Vorgehensweise bei der Implementierung von KI-Lösungen aufzeigen. Die Studien, die sich mit den organisatorischen Barrieren und Erfolgsfaktoren bei der Einführung und Nutzung von KI beschäftigen, finden heraus, dass die Lücke zwischen dem Status Quo der Bemühungen und den Erwartungen signifikant ist (Alsheiabni et al., 2019; Ransbotham et al., 2017). Ein Großteil der Unternehmen kommt nicht über einen Piloten in einem einzelnen Geschäftsprozess hinaus. Die Gründe dafür liegen in der mangelnden Bereitschaft oder Fähigkeit, die Aufbau- und Ablauforganisation grundlegend zu überarbeiten und anzupassen (Fountaine et al., 2019).

2.2 Erfolgsfaktoren für die Einführung von KI

Betrachtet man die Vielzahl von Studien in diesem Forschungsfeld, so lassen sich die Erfolgsfaktoren in drei Hauptkategorien einordnen (Abb. 2.1). Die erste Kategorie „KI-Narrative" umfasst sämtliche Themen, die den Bereichen Kultur, Strategie, Kommunikation und Unternehmensökosystem zugeordnet werden können. Im Zentrum steht hierbei die Erarbeitung einer Leitlinie für den Umgang mit KI und deren transparente Kommunikation. Die zweite Kategorie „Organismus" beschäftigt sich mit der Frage, wie die Vernetzung innerhalb eines Unternehmens ausgestaltet sein sollte, damit die Einführung von KI gelingt. Dies betrifft vor allem die Steuerungsmechanismen in Ablauf- und Aufbauorganisation und die Rolle des Managements. Die dritte Kategorie „Investitionen" beschäftigt sich mit der Frage, in welche Unternehmensbereiche und Maßnahmen investiert werden sollte.

Die KI-Narrative – Warum?
Das Verständnis zu KI ist bei Mitarbeitern generell diffus. Die Berichterstattung von Medien oder die Darstellung in Filmen ist tendenziell negativ. Dies führt aufgrund des mangelnden Wissens zu hoher Unsicherheit oder konkret zu Ängsten wie beispielsweise vor Arbeitsplatzverlust.

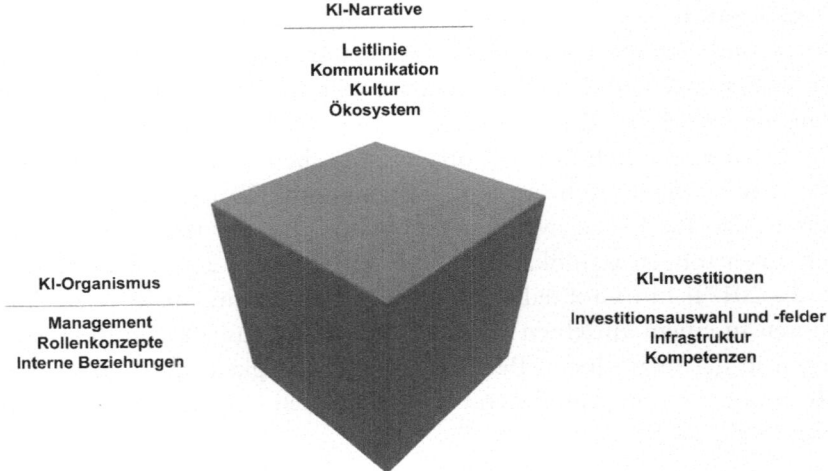

Abb. 2.1 Eckpfeiler bei der Einführung von KI

Die Folge ist, dass innerhalb der Organisationen Ablehnung entsteht oder sich aktiv Widerstand gegen die KI-Initiativen formiert (Wecke, 2022). Die Unternehmen müssen dies bei der Neugestaltung des organisatorischen Rahmens berücksichtigen.

Leitlinie Ein Merkmal, welches KI-Pionierorganisationen von anderen Unternehmen unterscheidet, ist die Formulierung einer Vision für den Einsatz von KI (Ransbotham et al., 2017). Eine mögliche Positionierung ist die Anspruchshaltung, KI vor allem als Unterstützung für den Menschen einzusetzen (Jarrahi, 2018). Die Positionierung kann als Leitbild für die operative Ausgestaltung des Zusammenwirkens der Menschen und der Technologie dienen (Jarrahi, 2018). Darüber hinaus empfiehlt es sich, KI in die Unternehmensstrategie zu integrieren (Infosys, 2017). Dieses Vorgehen signalisiert, dass das Thema ganzheitlich im Unternehmen angegangen werden muss (Infosys, 2017) und eine langfristige Ausrichtung erfordert (Wilson & Daugherty, 2019). Nur dann gelingt die Ausschöpfung der KI-Potentiale. Im Gegensatz hierzu verstärkt eine Ausrichtung auf kurzfristige Einsparpotentiale den Widerstand in der Organisation (Jarrahi, 2018). Dies birgt das Risiko, dass KI nicht langfristig die notwendige Priorität erfährt (Ransbotham et al., 2017). In der Ausarbeitung der strategischen Leitlinien empfiehlt es sich, etwaiges Kundenfeedback zu berücksichtigen (Infosys, 2017). Das Kundenvertrauen ist wesentlicher Bestandteil einer KI-Strategie und kann durch Erstellung und Einhaltung ethischer Richtlinien gefördert werden (Kaplan & Haenlein, 2020). Eine wichtige Frage betrifft die Umsetzungsgeschwindigkeit von KI-Projekten. Praktikerstudien legen häufig die Vorteile dar, welche in der schnellen Implementierung von KI liegen. Wissenschaftliche Studien betonen allerdings, dass sich die konsequente Einbindung von KI-Prozessen in die Marketingorganisation in der Regel als enorm herausfordernd und langwierig erweist. Dies stellen auch Kaplan und Haenlein (2020) klar und fordern, dass die Umsetzungsqualität und nicht die Umsetzungsgeschwindigkeit im Vordergrund steht (Wecke, 2022).

> Eine neue Leitlinie positioniert KI als Unterstützung für den Menschen.

Kommunikation Eine umfassende Unternehmenskommunikation zu KI im Allgemeinen, der Vision, der Strategie und dem operativen Angang hat eine wesentliche Bedeutung für deren erfolgreiche Einführung. Das hohe Risiko auf Widerstände im Unternehmen zu treffen, erfordert es, potenzielle Barrieren frühzeitig zu antizipieren und mittels darauf zugeschnittener Kommunikation aufzufangen (Fountaine et al., 2019). Der Kern der Kommunikation ist es, die Ziele, Pläne und Auswirkungen offen und transparent darzulegen (Wilson & Daugherty, 2019). Dabei gilt es einerseits aufzuzeigen, welche konkreten Änderungen sich für die Mitarbeiter ergeben. Andererseits muss die Notwendigkeit und Sinnhaftigkeit nachvollziehbar dargestellt werden (Fountaine et al., 2019). Dabei hilft die bereits vorgeschlagene Positionierung von KI, den Menschen zu unterstützen und nicht zu ersetzen. Kaplan und Haenlein (2019) führen als Beispiel IBM auf, die neue Begrifflichkeiten wie „augmented intelligence" oder „cognitive computing" eingeführt haben, mit dem Ziel, Ängste zu nehmen und KI als Mehrwert für den Menschen darzustellen (Wecke, 2022).

> Die Unternehmenskommunikation zu den Zielen, Potentialen und Auswirkungen der Einführung von KI muss offen und transparent gestaltet werden.

Kultur Ein weiteres ausgeprägtes Merkmal von Pionierunternehmen in KI beschreiben Ransbotham et al. (2017) mit der Fähigkeit, sich fortwährend zu verändern und weiterzuentwickeln. Diese Anpassungsfähigkeit, gepaart mit der Bereitschaft zu investieren (Brock & Wangenheim, 2019) ist Ausdruck einer Kultur des Experimentierens. Diverse wissenschaftliche Studien greifen die positiven Aspekte dieses kulturellen Aspekts auf. Fountaine et al. (2019) und Infosys (2017) beschreiben Experimentierkultur mit der Freiheit für Mitarbeiter und Teams, neue Technologien und Methoden ausprobieren zu können. Entsprechend agierende Unternehmen schreiben dem Lernen, auch aus gescheiterten Projekten (Brock & Wangenheim, 2019), einen hohen Wert zu. Unter derartigen Rahmenbedingungen haben die Mitarbeiter keine Angst, Fehler zu machen und werden zu Experimenten (Kaplan & Haenlein, 2020) sowie einer bereichsübergreifenden Zusammenarbeit ermutigt (Wilson & Daugherty, 2019). Dies fördert den Wandel von einer starren und risikoaversen zu einer agilen, anpassungsfähigen und experimentierfreudigen Organisation (Fountaine et al., 2019). Ein derartiger kultureller Rahmen erweist sich als vorteilhaft bei der Einführung und Nutzung von KI und darüber hinaus (Wecke, 2022).

> Die erfolgreiche Einführung von KI erfordert eine Kultur des Lernens, ohne die Angst Fehler zu machen, welche die Experimentierfreude und die Anpassungsfähigkeit der Organisation fördert.

Unternehmensökosystem Brock und Wangenheim (2019) benennen das Fehlen von Technologiepartnerschaften als eine der wesentlichen Hürden auf dem Weg, KI erfolgreich zu implementieren. Die Veränderungsgeschwindigkeit und die Komplexität im Ökosystem von Unternehmen machen es unabdingbar, sowohl das eigene Wettbewerbsumfeld neu zu definieren als auch sich für neue Partnerschaften zu öffnen (Wecke, 2022). Dies erfordert die detaillierte Beobachtung der Ansätze von Wettbewerbern und angrenzenden Industrien (Infosys, 2017). Darüber hinaus müssen Netzwerke aufgebaut werden (Iansiti & Lakhani, 2020), beispielsweise mit Anbietern von KI-Lösungen. Diese dienen einerseits als Quelle und Inspiration für Innovationen und andererseits ebnen sie den Weg für die Zusammenarbeit bei der Entwicklung von KI-Technologien. Insbesondere im Bereich des Zugangs und der Beschaffung von Daten und Informationen müssen die Unternehmen Allianzen schließen. Eine qualitativ ausgereifte und umfassende Datenbasis ist der Schlüssel, um Wettbewerbsvorteile zu erlangen (Ransbotham et al., 2017).

> Die Einführung von KI bedarf der Umgestaltung des Ökosystems durch die Entwicklung neuer Netzwerke und Partnerschaften mit dem Ziel, den Zugang zu weiteren Daten- und Innovationsquellen zu erschließen.

Der KI-Organismus – Wie?
Die sichtbaren und unsichtbaren Verbindungen zwischen den Menschen, deren Rollen und Aufgaben sind die tragenden Elemente einer Organisation. Diese Beziehungen müssen so miteinander verknüpft werden, dass ein offenes Umfeld für die Nutzung von KI entsteht.

Management Die wesentlichen Hindernisse im Management bei der Einführung von KI sind die Scheu, Verantwortung abzugeben (Infosys, 2017) sowie die mangelnde Unterstützung durch das obere Management (Alsheiabni et al., 2019). Eine Möglichkeit, die Relevanz von KI zu signalisieren besteht darin, dass das Top-Management zusammen mit den Mitarbeitern an KI-Schulungen teilnehmen (Wecke, 2022).

Die Leitung der KI-Initiativen sollte nicht in die Hände zentraler Bereiche wie IT oder Strategie gegeben, sondern durch die Fachbereiche übernommen werden (Fountaine et al., 2019). Dieses Vorgehen sichert die Aufmerksamkeit und das notwendige Engagement der profitierenden

Bereiche. In der Steuerung der Initiativen muss das Management einerseits ein enges Tracking aufsetzen, um damit die dauerhafte Priorisierung und gegebenenfalls Unterstützung sicherzustellen. Andererseits sollte es den KI-Initiativen in der operativen Ausgestaltung weitreichende Entscheidungskompetenzen zugestehen und auf hierarchische Entscheidungsmechanismen verzichten (Fountaine et al., 2019). Die Überarbeitung des Kennzahlensystems und die Einführung neuer KPIs wie die Fähigkeit zur Zusammenarbeit, Entscheidungsfindung oder des Informationsaustausches erleichtern es dem Management, die Indikatoren für die kulturelle Entwicklung im Blick zu halten (Alsheiabni et al., 2019). Darüber hinaus empfiehlt es sich, eine bereichsübergreifende Abstimmung der Zielsysteme vorzunehmen, damit die operative Umsetzung nicht durch auftretende Zielkonflikte verlangsamt oder verhindert wird (Fountaine et al., 2019).

Der Schwerpunkt für das Management sollte in der Personalentwicklung liegen. Alle Studien, die sich mit der Steuerung und den Aufgaben des Managements auseinandersetzen, betonen die Bedeutung und Notwendigkeit der Weiterbildung und -entwicklung der Mitarbeiter im Hinblick auf die für die Nutzung von KI notwendigen Kompetenzen. Zudem müssen die Manager Trainings- und Personaleinstellungsstrategien erarbeiten (Kolbjornsrud et al., 2016). Die Strategie stellt den Bedarf fest und definiert, welche Fähigkeiten intern bestehen oder ausgebildet werden können und welche über externe Einstellungen eingekauft werden müssen. Des Weiteren wird festgelegt, wer intern weitergebildet werden soll und mit welchem Ziel. Zwar hängen die genauen Ausgestaltungen ein Stück weit von der individuellen Situation des Unternehmens ab, allerdings lassen sich einige generelle Leitlinien ableiten (Wecke, 2022).

Es gibt Basisthemen wie das Grundverständnis zu KI und die Potentiale von KI, in denen die Mitarbeiter und das Management unabhängig von der Hierarchie geschult werden sollten (Infosys, 2017; Fountaine et al., 2019). Das Ziel ist es, dass sich alle Mitarbeiter in einem KI-geprägten Arbeitsumfeld sicher bewegen und miteinander arbeiten können (Kaplan & Haenlein, 2020). Dabei helfen auch Fähigkeiten wie Empathievermögen, Beurteilungsvermögen und die Offenheit für Zusammenarbeit (Kolbjornsrud et al., 2016). Diese Kompetenzen werden Bestandteil von internen Trainings oder erfahren eine höhere Relevanz bei externen Einstellungen.

In dem Bereich der fachlichen Aus- und Weiterbildung stehen die Entwicklung von Fertigkeiten im Datenmanagement und der Analyse im Vordergrund (Wecke, 2022). Im Fokus der Maßnahme sollten vor allem auch diejenigen Mitarbeiter stehen, deren Aufgaben durch Automatisierung in Zukunft wegfallen könnten, um sie auf die neu entstehenden Arbeitsbereiche vorzubereiten (Infosys, 2017). Dabei geht es vor allem um Kenntnisse in der Datenbeschaffung, -aufbereitung und -analyse sowie dem Einsatz von Algorithmen (Iansiti & Lakhani, 2020).

> Das Top-Management unterstützt die KI-Initiativen durch Übergabe der Verantwortung in die operativen Teams, Sicherstellung konsistenter Ziele und den Fokus auf die Personalentwicklung. Es bleibt fortwährend enger, ratgebender Begleiter und tritt als Partner in einer gemeinsamen Lernreise auf.

Rollenkonzepte Die Vermittlung der Kompetenzen verfolgt idealerweise das Ziel, Mitarbeiter für die neu entstehenden Rollen wie bspw. die des KI-Trainers auszubilden (Wilson & Daugherty, 2019). Die KI-Trainer sind verantwortlich für die Qualitätssicherung. Sie überprüfen regelmäßig, dass die Qualität und Menge der Dateneingabe sowie die Ergebnisse der Zielsetzung entsprechen und sind ein wesentlicher Bestandteil in der Weiterentwicklung der KI-Modelle. Die Mitarbeiter, deren Stärken eher im Bereich der Zusammenarbeit liegen, können auf die Aufgabe des KI-Übersetzers vorbereitet werden. Diese Rolle vermittelt zwischen Fachbereich (Anforderer) und Datenspezialisten (Umsetzer). Damit wird ein einheitliches Verständnis zu den Anforderungen des Fachbereichs und der entwickelten Lösung zwischen den Beteiligten hergestellt (Fountaine et al., 2019). Darüber hinaus hilft der KI-Übersetzer beim Aufspüren zukünftiger Potentiale durch einen permanenten Abgleich der Herausforderungen durch Markt und Kunden und den technologischen Möglichkeiten. Geeignete Personen sind entweder Data Scientists mit starken Managementbezügen oder Manager sowie Fachspezialisten mit Zugang zu analytischen und technologischen Fragestellungen.

Im Zuge der Einführung und Nutzung von KI können sich die Schwerpunkte in der Ausgestaltung der Managementrolle verschieben. Neben der schon beschriebenen Bedeutung der Personalentwicklung ergibt sich auch vor dem Hintergrund der „neuen Narrative" ein besonderer Fokus auf Visions- und Strategieentwicklung sowie deren Kommunikation (Kolbjornsrud et al., 2016). Durch die tiefgreifenden Veränderungen für Kunden und Mitarbeiter durch KI muss der Manager permanent eine ethische Perspektive einbeziehen (Kaplan & Haenlein, 2019). Die Relevanz von Entscheidungen aufgrund Erfahrungswissen und Kontrolle als Teil der Managementaufgabe nimmt ab. KI-Modelle werden insbesondere dafür genutzt, Entscheidungen vorzubereiten. Der Anteil an datenbasierten Entscheidungen wächst und damit auch die Anforderung, Daten analysieren und interpretieren zu können (Kaplan & Haenlein, 2019). Gleichzeitig erlaubt diese Entwicklung dem Manager, administrative Aufgaben abzugeben. Die dadurch entstehenden Freiräume können für die Forcierung hypothesengetriebener Experimente genutzt werden. Dabei entsteht ein neues Bild des Managers als Designer von Zusammenarbeit mit dem Ziel, kreative Ideen vor Markt und Kunden umzusetzen und weiterzuentwickeln (Kolbjornsrud et al., 2016).

Die Rolle des Designers kommt auch bei der Ausgestaltung der Zusammenarbeit von Menschen und Maschinen zum Tragen. Huang et al. (2019) fordern, dass KI-Lösungen und Mitarbeiter wie ein Team agieren müssen. Dabei werden analytische Aufgaben durch die KI und Bereiche, die Intuition und Empathie bedürfen, durch den Menschen bearbeitet. Der Mensch hinterfragt die Ergebnisse von KI-Modellen (Wilson & Daugherty, 2019), führt die Qualitätssicherung durch (Kaplan & Haenlein, 2019) und koordiniert Datenbereitstellungs- und Entscheidungsprozesse (Jarrahi, 2018). Die Maschine übernimmt die Datenauswertung und liefert Zugang zu Echtzeitinformationen und Interpretationsansätzen (Jarrahi, 2018; Wecke, 2022).

> Im Zuge der Einführung von KI liegt der Schwerpunkt der Managementrolle auf dem Design von bereichsübergreifender Zusammenarbeit, der Neugestaltung des Zusammenspiels von Menschen und Technologien sowie der Implementierung neuer Rollen wie der des KI-Übersetzers.

Interne Beziehungen Brock und Wangenheim (2019) sowie Iansiti und Lakhani (2020) nennen mangelnde Agilität und das Operieren in Silos als wesentliche Hindernisse bei der Implementierung von KI (Wecke, 2022). In der Umfrage von 1200 Unternehmen durch Brock und Wangenheim (2019) wird beispielsweise eine fehlende organisatorische Agilität am zweithäufigsten in Bezug auf die Hürden bei der Implementierung von KI genannt. Es empfiehlt sich daher, eine langfristige bereichsübergreifende Zusammenarbeit von Fachbereich, IT und Data Science im Rahmen der KI-Initiativen aufzusetzen. Dies stellt sicher, dass die Ziele abgestimmt sind und die Verantwortung gemeinsam getragen wird (Fountaine et al., 2019). Ähnliches gilt für die Aufgabe des Daten Managements, welches die Grundlage aller KI-Initiativen bildet. Datenschutzanforderungen, Cyber-Sicherheit, Regulierungsanforderungen und komplexe Datenstrukturen erfordern eine strukturierte, umfassende Zusammenarbeit (Iansiti & Lakhani, 2020).

Das Ziel dieser Zusammenarbeit ist der Aufbau einer integrierten Datenplattform (Daten, Analysen, Soft- und Hardware). Interdisziplinäre Teams arbeiten damit auf einer einheitlichen Basis an der Umsetzung der jeweiligen KI-Initiativen und entwickeln gemeinsam die Plattform weiter. Dabei nutzen sie vermehrt agile Methoden und lösen sich von traditionellen Arbeitsweisen (Iansiti & Lakhani, 2020). Die Durchführung der KI-Initiativen mit gemischten Teams aus unterschiedlichen Fachbereichen und damit vielfältigen Fähigkeiten ist ein wesentlicher Faktor zur Ausschöpfung des gesamten KI-Potentials (Fountaine et al., 2019). Der wesentliche Erfolgsfaktor für die Aufbauorganisation ist deren Flexibilität (Ransbotham et al., 2017). Der Grund hierfür ist, dass aufgrund fehlender Erfahrungswerte, hoher Komplexität und Unsicherheit, Teams und Abläufe immer wieder neu zusammengestellt werden müssen (Wecke, 2022). Das gilt insbesondere auch für die Verteilung der Aufgaben zwischen den Menschen und der KI (Kaplan & Haenlein, 2020). Grundsätzlich gibt es unterschiedliche Organisationsansätze für den Aufbau von KI. Es finden sich zentrale, dezentrale oder hybride Organisationsformen. Die Ausgestaltung hängt einerseits von den bestehenden Strukturen und Fähigkeiten und andererseits von der Strategie ab. Hybride Ansätze, bei denen mit zunehmendem Reifegrad immer mehr Aufgaben in eine dezentrale Struktur verlagert werden, sind am häufigsten zu beobachten. Dabei übernehmen zentrale Einheiten vor allem übergreifende Aufgaben wie Strategiefindung, Training, Standards und Prozesse sowie Daten- und Softwarepartnerschaften (Wecke, 2022). In den Fachbereichen liegen die operative Umsetzung, die Fortschrittskontrolle und die Verantwortung für die Ergebnisse (Fountaine et al., 2019).

> **Wichtig**
>
> Die Aufbauorganisation kann im Hinblick auf die KI-Einführung umso dezentraler strukturiert werden je
>
> - reifer eine Organisation (vor allem in Bezug auf die KI-Kompetenzen),
> - weniger komplex die Struktur (bspw. in Bezug auf den funktionalen Organisationsaufbau) und
> - geringer der Veränderungsdruck (vor allem aufgrund des Wettbewerberverhaltens) ist.
>
> Die Basis für die Ablauforganisation ist sowohl in der Einführung als auch im Betrieb von KI-Lösungen eine flexible und bereichsübergreifende Zusammenarbeit.

Die KI-Investitionen – Was?

Ein unklarer oder fehlender Business Case (Alsheiabni et al., 2019) und mangelnde Investitionen (Brock & Wangenheim, 2019) stellen wesentliche Hürden bei der Einführung von KI dar (Wecke, 2022). Die Bereitschaft zu investieren ist Grundlage für die nachhaltige Nutzung von KI in Unternehmen. Der Schwerpunkt der Investitionen liegt zum einen in der Infrastruktur und zum anderen in der Ausbildung der Mitarbeiter.

Investitionsauswahl und -felder Werden in Unternehmen mehrere KI-Initiativen parallel geplant, empfehlen Fountaine et al. (2019), diese ausgewogen nach der Dauer, der Machbarkeit und dem Investitionsvolumen zusammenzustellen. Dies sichert kurzfristige Erfolge, verteilt Investitionen über einen längeren Zeitraum und erlaubt auch den Angang aufwendiger Vorhaben (Wecke, 2022).

Die wesentlichen Investitionsfelder liegen in der Ausbildung der fachlichen sowie der sozialen Mitarbeiterkompetenzen (Ransbotham et al., 2017) und der Weiterentwicklung der Organisation (Fountaine et al., 2019). Im Bereich der Technologie steht der Aufbau der für den Betrieb und die Entwicklung von KI notwendigen IT-Infrastruktur wie Daten, Soft- und Hardware im Fokus (Infosys, 2017). Dabei kann es sinnvoll sein, für einen begrenzten Zeitraum externe Kompetenz in der KI-Initiativenplanung, des Datenmanagements oder der IT-Architektur als Unterstützung einzukaufen (Infosys, 2017).

> Bei der Einführung von KI sollte das Investitionsvolumen in Mitarbeiter- und Organisationsentwicklung mindestens so hoch wie die Investitionen in Technologie sein.

Infrastruktur Die wesentlichen Hürden bei der Vorbereitung der IT-Infrastruktur auf den Einsatz von KI ist zum einen die grundsätzliche Problematik der Integration neuer Technologien in eine bestehende und oftmals instabile IT-Architektur (Brock & Wangenheim, 2019). Zum anderen liegen die erforderlichen Daten häufig nicht oder lediglich fragmentiert und über unterschiedliche Systeme verteilt vor (Ransbotham et al., 2017).

Eine reife IT-Infrastruktur (Alsheiabni et al., 2019) stellt somit eine wesentliche Voraussetzung für die Integration von digitalen Technologien in die bestehende Architektur dar (Brock & Wangenheim, 2019). Diese wird beschrieben als das Zusammenspiel von Software, Hardware, Daten und den Fähigkeiten der IT-Entwickler (Alsheiabni et al., 2019). Eine zentrale und konsistente Datenhaltung unterstützt dabei den Betrieb sowie die permanente Weiterentwicklung des Algorithmus mit Trainingsdaten. Eine entsprechende Datenhaltung erleichtert zudem die Einhaltung der Datenschutzregelungen (Iansiti & Lakhani, 2020). Darüber hinaus sollte die KI-Lösung immer mit dem Blick auf den Anwender entwickelt werden (Wecke, 2022). Für diesen stehen Bedienbarkeit und Einfachheit im Vordergrund (Wilson & Daugherty, 2019).

> Die zentrale und konsistente Datenhaltung gepaart mit einem zunehmend verbesserten Zusammenspiel von Hardware, Software und Entwicklerfähigkeiten bilden die Basis für eine integrierte Datenplattform.

Kompetenzen Die Studien von Alsheiabni et al. (2019), Brock und Wangenheim (2019), Infosys (2017) und Ransbotham et al. (2017) stellen mangelndes Wissen und Fähigkeiten für den Einsatz von digitalen Technologien als ein wesentliches Hindernis dar. So stellen Alsheiabni et al. (2019) in ihrer Umfrage mit über 200 Unternehmen fest, dass diese Defizite sowohl die Bewertung als auch die Entwicklung sowie den Betrieb von KI-Lösungen betreffen. Ebenso treten diese gleichermaßen bei den Mitarbeitern hinsichtlich fachlicher Kompetenzen und dem Management mit Blick auf Verständnis für und Führung in einer von KI geprägten Umwelt auf.

Brock und Wangenheim (2019) stellen digitale Kompetenzen als einen wesentlichen Erfolgsfaktor für die erfolgreiche KI-Implementierung dar. Im Detail beschreibt dies Fähigkeiten wie beispielsweise konsistente Datenstrukturen aufzubauen, Software und Algorithmen zu entwickeln, KI-Modelle zu betreiben und die Datensicherheit zu gewährleisten (Infosys, 2017; Ransbotham et al., 2017). Dabei sollten immer die Kundenanforderungen berücksichtigt werden (Infosys, 2017). Zu den Kundenanforderungen, bspw. bei der Nutzung eines Chatbots, zählen nicht nur hilfreiche Antworten, sondern auch inwiefern transparent gemacht wird, dass ein Chatbot eingesetzt wird, die Erfahrung des Kunden in der Interaktion und das Vertrauen, dass die Kundendaten nicht missbraucht werden. Die Mitarbeiter müssen zudem eine hohe Flexibilität hinsichtlich der Ausgestaltung ihrer Rollen und Aufgaben mitbringen, da sich diese im Zusammenspiel mit den KI-Modellen fortwährend ändern können (Kaplan & Haenlein, 2019). Dabei ist es hilfreich die Stärken und Schwächen von KI-Modellen beurteilen zu können (Huang et al., 2019). Diese fortwährenden Veränderungen erfordern die Bereitschaft der Mitarbeiter zu lernen und sich weiterzubilden (Jarrahi, 2018).

> Lernbereitschaft, Flexibilität und zunehmende Kenntnisse in der Entwicklung von KI-Modellen sind die wesentlichen digitalen Kompetenzen in einem KI-geprägten Umfeld.

Manager Offenheit, Transparenz und Empathie (Kaplan & Haenlein, 2019) sind die Grundtugenden des Managements in Rahmen einer strategischen Neuausrichtung. Konflikte zu moderieren, die Einbeziehung der Mitarbeiter in den Veränderungsprozess (Kaplan & Haenlein, 2020) sowie die Stimulation der intrinsischen Motivation der Mitarbeiter (Wilson & Daugherty, 2019) sind weitere wesentliche Elemente der Führungskompetenz. Darüber hinaus wird aber auch vom Management der Aufbau eines Grundverständnisses zu KI (Ransbotham et al., 2017) und Datenmanagement erwartet (Iansiti & Lakhani, 2020). Da viele Unternehmen bei der Neuaufstellung in einer KI- orientierten Umwelt Unterstützung benötigen, nimmt die Fähigkeit des Aufbaus von Netzwerken und Technologiepartnerschaften an Bedeutung zu (Iansiti & Lakhani, 2020). Als neue Herausforderung kommt auf die Manager die Gestaltung der Mensch- und Technologie- Zusammenarbeit zu (Kaplan & Haenlein, 2020). Dazu müssen sie lernen, die Kompetenzen der Mitarbeiter im Hinblick auf das Zusammenspiel zu beurteilen (Kaplan & Haenlein, 2019), die Fähigkeiten weiterzuentwickeln oder extern zu rekrutieren (Ransbotham et al., 2017). Bei der externen Einstellung von Personal sind neben den schon beschriebenen Fertigkeiten insbesondere die sozialen Komponenten wie Beurteilungsvermögen, Empathie, Wille und Fähigkeit zur Zusammenarbeit ausschlaggebend (Huang et al., 2019; Kolbjornsrud et al., 2016).

> Ein Grundverständnis von KI, die Fähigkeit der Entwicklung von Netzwerken und Partnerschaften sowie eine menschenorientierte Grundhaltung sind die wesentlichen Führungsfähigkeiten in einem KI-geprägten Umfeld.

2.3 Herausforderungen für einen Chief Marketing Officer

Ein CMO hat die Herausforderung, durch das eigene Verhalten und Handeln auf allen Ebenen die notwendigen Anpassungsprozesse in Gang zu setzen. Dabei muss er erstens seine eigene Rolle reflektieren, zweitens die notwendigen Maßnahmen innerhalb der Marketingorganisation initiieren und drittens die Zusammenarbeit im Management Board und mit dem Gesamtunternehmen stärken. Das Ziel der Skalierung von KI gelingt nur, wenn das Management Board gemeinsam das Unternehmen auf die dazu erforderlichen Anforderungen ausrichtet. Neben der Arbeit im Management Board kann ein CMO durch den Start erster KI-Initiativen konkrete Impulse setzen und die Diskussionen aus der Theorie in die Praxis holen. Innerhalb der Marketingorganisation müssen die Strukturen entsprechend den Erfolgsfaktoren in Ablauf und Aufbau angepasst werden. Die Ablauforganisation legt hierbei die Basis für die Aufbauorganisation, die die Zusammenarbeit optimal unterstützen soll. Der Reflexion und Ausrichtung der Rolle an den Anforderungen sowie der Bereitschaft, an den persönlichen Entwicklungsfeldern zu arbeiten, kommen dabei besondere Bedeutung zu.

> **Netflix – Der Allrounder Case**
>
> Die Netflix-Kundenbasis wächst seit 2011 jedes Quartal auf aktuell ca. 215 Millionen Kunden weltweit. Für diesen Kundenbestand berechnet Netflix jeden Tag ca. 700 Milliarden persönliche Empfehlungen.
>
> Der Katalysator der Wachstumsgeschichte bildete das auf Basis von KI entwickelte personalisierte Empfehlungssystem. Mittlerweile wird KI aber auch für strategische Entscheidung von Netflix genutzt, beispielsweise welche Inhalte und Formate eigenproduziert werden sollten. Zudem wird KI auch bei der Verbesserung der technologischen Plattform eingesetzt, beispielsweise zur Verbesserung der Streamingqualität.
>
> Netflix spart durch den Einsatz von KI ca. 1 Milliarde Euros pro Jahr und konnte die Erfolgsrate von Eigenproduktionen von 30 % auf 80 % steigern (Levy, 2018; Parker, 2020).

3

Die neue Rolle des Chief Marketing Officers

> Wie ein moderner CMO eine KI-basierte Ablauf- und Aufbauorganisation entwickelt und dabei die Rollen des Netzwerkers, Designers und Maschinisten ausfüllt.

„Ein CMO muss sich vom Hüter der Marke zum Meinungsführer und kulturellen Transformator entwickeln (Dirk Jehmlich, Managing Director diffferent)."

3.1 Die KI-basierte Ablauforganisation im Marketing

Der erste Schritt zur erfolgreichen Implementierung von KI besteht in der Neuausrichtung der Ablauforganisation. Als Leitfaden für die Entwicklung einer KI-basierten Ablauforganisation dienen drei Fragestellungen:

Ergänzende Information Die elektronische Version dieses Kapitels enthält Zusatzmaterial, auf das über folgenden Link zugegriffen werden kann [https://doi.org/10.1007/978-3-658-37864-6_3]. Die Videos lassen sich durch Anklicken des DOI Links in der Legende einer entsprechenden Abbildung abspielen, oder indem Sie diesen Link mit der SN More Media App scannen.

© Der/die Autor(en), exklusiv lizenziert an Springer Fachmedien Wiesbaden GmbH, ein Teil von Springer Nature 2022
M. Sarstedt, B. Wecke, *Skalierung von KI im Marketing und die neue Rolle des CMO*, Science meets Practice, https://doi.org/10.1007/978-3-658-37864-6_3

> **Fragen**
> 1. Welche Einflussfaktoren sollen bei der Gestaltung der Ablauforganisation berücksichtigt werden?
> 2. Welche Designkriterien leiten sich aus den Einflussfaktoren ab?
> 3. Welche Vorteile ergeben sich aus der neuen Ablauforganisation?

Die Abläufe im Marketing sind geprägt von einem komplexen System von Verfahrensanweisungen, hierarchisch orientierten Abstimmungen und Regeln. Die Erfolgsfaktoren für die Einführung von KI weisen einen Weg, der eine Neugestaltung des Marketingprozesses erforderlich machen kann. Abb. 3.1 zeigt die wesentlichen Einflussfaktoren für die Gestaltungsprinzipien der neuen Ablauforganisation. Diese werden einerseits aus den veränderten Rahmenbedingungen für das Marketing und andererseits aus den Erfolgsfaktoren bei der Einführung von KI abgeleitet.

Integrierte Plattform
Die Basis einer neu gestalteten Ablauforganisation ist die Entwicklung einer integrierten Plattform. Diese führt die Daten, die Soft- und Hardware und

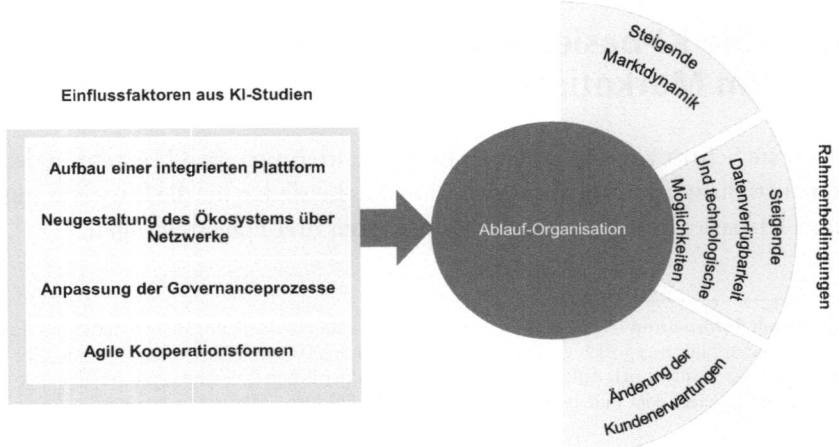

Abb. 3.1 Einflussfaktoren auf die Gestaltung der Ablauforganisation

darauf aufbauend die Algorithmen und Analysen zusammen und macht diese für alle zugänglich. Viele Unternehmen sind von einem solchen Szenario noch weit entfernt und müssen einen langfristigen Entwicklungspfad beschreiten, um eine entsprechende Lösung zu realisieren. Daher ist es nicht ratsam, sich am Anfang auf eine umfassende technische Realisierung zu konzentrieren. Der Fokus sollte auf die Erstellung und Einhaltung der notwendigen Kriterien für die Datenbeschaffung und -nutzung gelegt werden. Das wichtigste Kriterium sind fehlerfreie und konsistente Daten. Neben der eingesetzten Methodik stellen diese den zweiten großen Hebel für die Qualität von KI-Lösungen dar (siehe Abb. 1.3). Es ist ratsam, eher weniger Daten für die KI-Modelle zu verwenden als Daten, bei denen die Qualität nicht sichergestellt werden kann (Hair & Sarstedt, 2021). Das zweite Kriterium ist der Zugang zu den Daten und die Bedienbarkeit der KI-Software. Es muss gewährleistet werden, dass alle Teams auf die Daten in einer für sie nutzbaren Form zugreifen können. Diese Einfachheit in der Nutzung ist am Anfang wichtiger als die Reife des KI-Modells.

Umsetzungsgeschwindigkeit
Die politischen Rahmenbedingungen als auch die technologischen Möglichkeiten sowie das Kunden- und Wettbewerbsverhalten wandeln sich fortwährend. Die Unternehmen müssen sich auf diese sich ändernden Marktgegebenheiten einstellen und die Marketingprozesse entsprechend ausrichten. Klassische Planungs- und Entscheidungsprozesse im Wasserfallmodell und Quartals- oder Jahresrhythmus verhindern schnelle Reaktionen auf Marktveränderungen. Stattdessen übernehmen agile, interdisziplinäre Teams die operative Umsetzung. Die Teams sind im Idealfall so aufgestellt, dass sie alle dafür notwendigen Fähigkeiten besitzen oder im direkten Zugriff haben. Die Entscheidung für die konkrete Umsetzung trifft das Team.

Rückkopplung und Anpassungsfähigkeit
Vor allem durch die zunehmende Nutzung der digitalen Kanäle sowie des immer ausgereifteren Datenmanagements als Basis für die KI-Modelle steht den Unternehmen eine wachsende Anzahl an Informationen zu Verfügung. Dies erlaubt die permanente Bewertung der Marketingaktionen und die entsprechende Anpassung, sobald Optimierungs-

potential erkannt wird. Diese Entwicklung sollte in dem Marketingprozess dahingehend reflektiert werden, dass beispielsweise Kampagnen während der Laufzeit bei Vorliegen neuer Erkenntnisse angepasst und damit stetig verbessert werden können. Das führt dazu, dass das grundsätzliche Kampagnendesign jederzeit vollständig geändert werden kann. Statt abgeschlossener, durchgeplanter Kampagnen startet man mit ersten Piloten und passt schrittweise die Kampagnen an.

Netzwerk
Neue Wettbewerber und Geschäftsmodelle, eine rasant steigende Anzahl an neuen Marketingtechnologien und deren Anbieter sowie die Bedeutung des Zugangs zu den relevanten Informationen über Markt und Verbraucher erfordern eine Neuausrichtung der Unternehmen in dem Zusammenspiel mit deren Ökosystem. Die bestehenden Lieferketten und Partnerschaften müssen hinterfragt und neugestaltet werden. Die Agenturen als bedeutendste und oftmals einzige Schnittstelle zur Umwelt in den Bereichen Innovation, Daten, Technologie und Kreativität werden Teil eines größeren Netzwerks. Die Form der Zusammenarbeit in diesem Netzwerk kann taktisch-informell geprägt sein. Es ist aber auch denkbar, diese zu formalen Partnerschaften, bis hin zum Aufbau von Joint Ventures, Beteiligungen oder Übernahmen auszuweiten. Das Ziel dabei ist es, relevante Daten oder Technologien in den Marketingprozess einzubinden, um die operativen Ergebnisse zu verbessern sowie die Innovationsfähigkeit zu erhalten.

Abgestimmte Ziele
Eine wesentliche Barriere in crossfunktionalen Teams aus unterschiedlichen Fachbereichen ist die mangelnde Abstimmung der Ziele. Dies führt zu Zielkonflikten in der operativen Ausgestaltung, lähmt in der Folge die Umsetzungsgeschwindigkeit und -fähigkeit, was in die Frustration der Mitarbeiter mündet. Eine offene und nachhaltige Abstimmung hinsichtlich der Zielstellung setzt dahingegen den Rahmen für schnelle Entscheidungsfindung und operative Handlungsfähigkeit. Die konkrete Ausgestaltung der Zielstellung im Marketing verändert sich unterdessen. Die Ziele im Marketing wandeln sich von der Zuteilung von Kostenbudgets für bestimmte Marketingaktivitäten zu konkreten Erwartungen an den ROI der Kampagnenaufwendungen und deren transparenten Nachverfolgung.

3 Die neue Rolle des Chief Marketing Officers

Der neue Rahmen für einen KI-basierten Marketingprozess
1. Eine integrierte (Daten-) Plattform ist die Basis für einen KI-basierten Marketingprozess.
2. Eine hohe Umsetzungsgeschwindigkeit ist wichtiger als eine ausgereifte Planung und Abstimmung.
3. Rückkopplungs- und Anpassungsfähigkeit des Marketingprozesses ersetzen hierarchische Entscheidung und abgeschlossene Kampagnen
4. Offenheit für ein Netzwerk statt Agentursteuerung.
5. ROI basierte Aussteuerung statt Budgetmanagement.

Beispiel für einen KI-basierten Marketingprozess in der Kampagnenkommunikation

Die Basis für den KI-basierten Marketingprozess ist im Idealfall eine integrierte Datenplattform, die mit dem Ökosystem als ein erforderlicher Lieferant von Kunden- oder Marktdaten vernetzt ist (Abb. 3.2). Das KI-Modell liefert für die dedizierte Kampagne die relevanten Zielgruppen, Informationen zur Angebotsgestaltung sowie die spezifischen Layout- und Textvarianten. Darauf aufbauend wird die Kampagnenstrategie entwickelt und ein erstes experimentelles Design für einen kleinen Teil der Kunden aufgebaut. Der Pilot wird ausgespielt, die Ergeb-

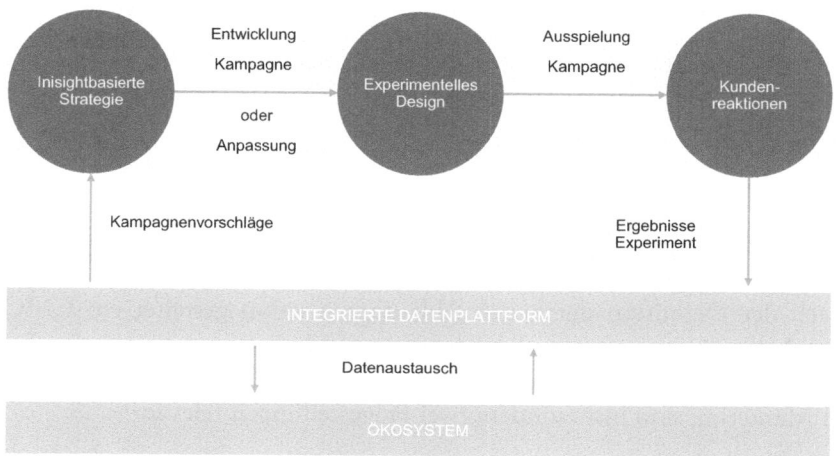

Abb. 3.2 Der neue Marketingprozess

nisse werden ausgewertet und in die Datenplattform zurückgespielt. Mit Hilfe der so gewonnenen Erkenntnisse werden die notwendigen Anpassungen an Kampagnenstrategie und -design vorgenommen und das nächste Experiment gestartet. Dieser Kreislauf aus Lernen und Anpassen wird fortgeführt bis entweder alle Kunden adressiert sind, eine weitere Optimierung insbesondere hinsichtlich der Ziele nicht sinnvoll erscheint oder eine von Grund auf neue Strategie notwendig werden sollte. Bei ausschließlich digital ausgespielten Kampagnen können Teile oder der ganze Prozess in einem Schritt in Echtzeit ausgeführt werden.

Das Vorgehen bedient bei Einhaltung der ethischen Leitlinie und der Datenschutzregelung alle Anforderungen, die aus den geänderten Rahmenbedingungen im Marketing erwachsen. Es erlaubt eine schnelle Reaktion auf Markt- und Kundenbedürfnisse und ist dabei offen für die Nutzung neuer Technologien. Als Basis werden vor allem Daten genutzt, um die Marketingmaßnahmen effizient und zielgerichtet auszuspielen.

> **Vorteile des neuen Marketingprozesses**
> 1. Schnell und risikoarm: Marketingaktionen können bei geringerem Risiko schneller als im Rahmen von Big-Bang-Kampagnen umgesetzt werden.
> 2. Kundennah und anpassungsfähig: Kundenfeedbacks und -reaktionen werden direkt in das Kampagnendesign übernommen.
> 3. Bessere Ergebnisse und Mitarbeitermotivation: Der ROI wird durch fortlaufende Optimierung verbessert und erhöht, auch aufgrund der Eigenverantwortung, die Mitarbeitermotivation.

3.2 Die KI-basierte Aufbauorganisation im Marketing

Nach der Definition der neuen Ablauforganisation gestaltet ein CMO eine Aufbauorganisation, welche die (neuen) Marketingprozesse bestmöglich unterstützt. Für den Entwurf einer KI-basierten Aufbauorganisation im Marketing sind insbesondere zwei Fragestellungen relevant:

3 Die neue Rolle des Chief Marketing Officers

> **Fragen**
> 1. Welche Designkriterien leiten sich aus den Erfolgsfaktoren bei der Einführung von KI sowie der Ablauforganisation ab?
> 2. Wie arbeiten zentrale und dezentrale Bestandteile der Marketingorganisation zusammen?

Es gibt nicht die ideale Aufbauorganisation. Insbesondere in der Frage nach dem Grad der Zentralisierung bzw. Dezentralisierung sind der Reifegrad des Unternehmens sowie die individuellen operativen und strategischen Herausforderungen handlungsleitend. Der Reifegrad bezieht sich auf den Zugang zu den aktuellen Technologien sowie den relevanten Daten und der Fähigkeit, diese auch nutzen zu können. Die Komplexität der Produktlandschaft sowie der bestehenden Organisationsstruktur, der Veränderungsdruck aufgrund der Wettbewerbssituation und die Zielstellung sind weitere Faktoren, die Einfluss auf die konkrete organisatorische Ausgestaltung eines Unternehmens nehmen. Aus den Erfolgsfaktoren für die Einführung von KI sowie der der KI-basierten Ablauforganisation lassen sich dennoch allgemeingültige Designkriterien ableiten (Abb. 3.3)

Abb. 3.3 Einflussfaktoren auf die Gestaltung der Aufbauorganisation

Zentrale Bestandteile der Marketingorganisation

Die zentralen Elemente einer Marketingorganisation im KI-Umfeld können in fünf Bereiche unterteilt werden:

- Marketing Technologie
- Brand Management
- Marketing Planung
- Marketing Development
- Marketing Operations

Die fünf Bereiche geben einerseits den Rahmen für die operativen Teams vor, stehen jedoch andererseits in der Verantwortung, die bestmöglichen Bedingungen für die erfolgreiche Marktbearbeitung herzustellen. Im Weiteren werden die Bereiche ausschließlich im Hinblick auf die Relevanz für KI dargestellt.

Der erste Bereich („Marketing Technologie") beschäftigt sich mit strategischen Fragestellungen in den Feldern Technologie und Daten und ist die Schnittstelle zu Partnern sowie Innovationsquellen außerhalb des Unternehmens. Die Kompetenzen liegen in der Bewertung von Marketingtechnologien, der Dateninfrastrukturplanung und -implementierung, der Systemintegration, der Gestaltung von Kundenschnittstellen sowie der KI-basierten Content-, Service oder Produktentwicklung.

Der zweite Bereich ist das zentrale Brand Management. Mit der Nutzung von KI gewinnen in diesem Zusammenhang die Markenpositionierung im Hinblick auf Datenschutz und ethische Fragestellungen zunehmend an Bedeutung.

Der dritte Bereich ist für Planung und Reporting zuständig („Marketing Planung"). Die Planung erfolgt rollierend und passt sich flexibel (beispielsweise im Hinblick auf Mediaausgaben) an die Ergebnisse und Erkenntnisse aus der operativen Marktbearbeitung an.

Der vierte Bereich umfasst die Themen Training und Entwicklung („Marketing Development"). Die Nutzung von KI und die damit einhergehenden Änderungen im Marketingprozess erfordern fortlaufende Unterstützung und Entwicklungsmaßnahmen zu den Themen Technologie, agile Methoden, Zusammenwirken von Menschen und Maschine, Data Science und KI.

Der fünfte Bereich ist verantwortlich für die integrierte Datenplattform („Marketing Operations"). Sie stellen den operativen Teams die Daten zur Verfügung, verarbeiten die Datenströme, entwickeln und betreiben die Algorithmen und die Marketingtechnologie.

Dezentrale Bestandteile der Marketingorganisation
Es werden alle Teams, die direkt in der Schnittstelle zu Markt und Kunden angesiedelt sind, dezentral organisiert. Dabei werden die unterschiedlichen Funktionen des Product Business Owners, der Delivery und der Data Scientists in einem Team („Marketing-Interaktions-Teams") zusammengefasst. Das Ziel dieses Schrittes ist es, möglichst unabhängig in Richtung Markt und Kunden agieren zu können. Eine Beschreibung der Rollen findet sich in Tab. 3.1.

Zwei wesentliche Fragestellungen bei dem Design der Marketing-Interaktions-Teams ist zum einen der Zuschnitt Richtung Markt und Kunde. Dieser kann nach Produkten, Kanälen oder Kundenlebenszyklus aufgeteilt werden. Zum anderen muss die Frage beantwortet werden, wieviel der Data Science-Kompetenz in die Teams integriert wird. Das Spektrum der Möglichkeiten reicht von der reinen Daten Analyse bis zur vollständigen Entwicklung und dem Training der KI-Modelle.

Tab. 3.1 Rollenbeschreibung der dezentralen Marketing-Interaktions-Teams

Rolle	Kernaufgaben
Product Owner/ Business Owner	Orchestrierung der Nutzererfahrung (Produkt, Service, Kreation, Botschaft) Priorisierung und Abstimmung der Aktivitäten
Delivery	Ausgestaltung und Weiterentwicklung der Kundeninteraktionen (Text, Bild, Layout, Flows)
Data Science	Aufbau Datenstrukturen und -algorithmen sowie Daten analyse KI-Übersetzer zwischen Product Owner/Delivery und Technologie & Data Operations

> **Designkriterien der neuen Aufbauorganisation des Marketings**
> 1. Rollen, die Standards entwickeln und mittel- bis langfristig orientiert sind, werden zentral gebündelt.
> 2. Rollen, die direkt mit Markt und Kunden in Beziehung stehen und kurzfristige operative Ergebnisse sicherstellen, werden dezentral organisiert und agieren nach folgenden Prinzipien:
>   - Die operativen Teams sind entscheidungs- und umsetzungsfähig.
>   - Die Zusammenstellung der operativen Teams kann flexibel gestaltet werden.
>   - Die Zusammenstellung der operativen Teams fördert das optimale Zusammenspiel von technologischer und sozialer Kompetenz.
>   - Die dezentralen Teams können auf zentrale Kompetenzen zugreifen und diese gegebenenfalls integrieren.
>   - Die Organisation ist offen zum Ökosystem (Kunden, Partnern) ausgerichtet und hält eine dedizierte Rolle zur Orchestrierung des Marketingnetzwerkes vor.

Abb. 3.4 zeigt die Skizze einer möglichen Aufbauorganisation im KI-Umfeld. Aus Vereinfachungsgründen sind die Marketing-Interaktions-Teams nach dem Kundenlebenszyklus in Neu- und Bestandskunden aufgeteilt. Entscheidend für die Funktionsweise des Modells ist, dass die Marketing-Interaktions-Teams flexibel um Kompetenzen, sei es dauerhaft oder initiativenbezogen, aus den zentralen Marketingteams erweitert werden können. Das Kriterium dabei ist, die Handlungs- und Umsetzungsfähigkeit der Marketing-Interaktions-Teams sicherzustellen.

3.3 Loslegen mit KI

Ein CMO sollte mit dem Kick-off einer ersten KI-Initiative Impulse setzen. Dazu müssen vier Fragen beantwortet werden:

> **Fragen**
> 1. Welche Rollen werden benötigt und welches Vorgehensmodell wird gewählt?
> 2. Mit welchen fachlichen und persönlichen Fähigkeiten ist das Team ausgestattet?
> 3. Welchen Beitrag liefert der CMO?
> 4. Wie wird der erste Use Case ausgewählt?

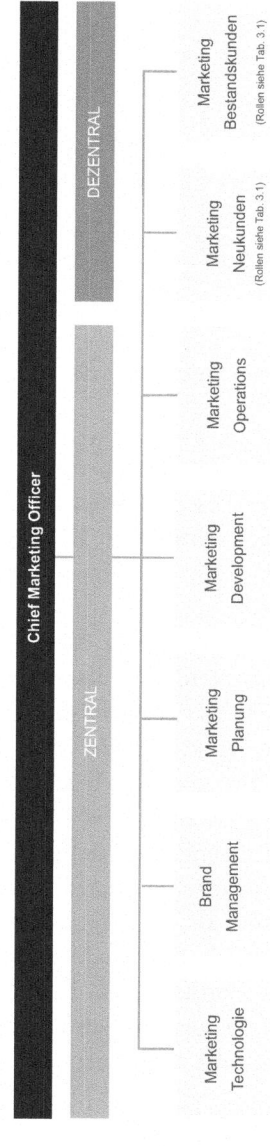

Abb. 3.4 Skizze der KI-basierten Aufbauorganisation im Marketing

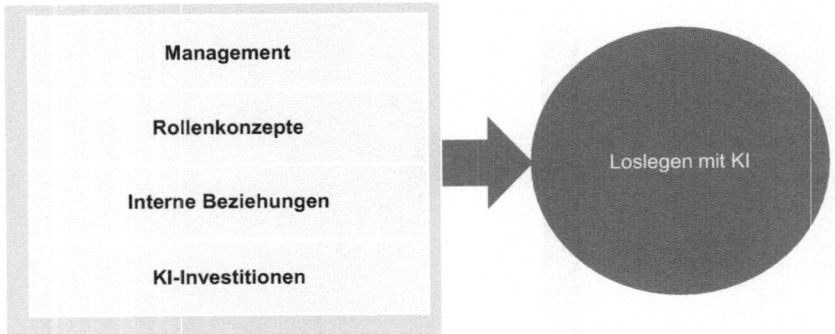

Abb. 3.5 Einflussfaktoren aus den Studien für den Start und die Durchführung einer ersten KI-Initiative

In Abb. 3.5 werden die wesentlichen Kategorien aus der Analyse der wissenschaftlichen Studien in diesem Gebiet aufgeführt, aus denen die relevanten Erkenntnisse für den Einstieg in KI abgeleitet werden.

Rollen und Vorgehensmodell
Die erste KI-Initiative kann als Lernfeld für die Neuausrichtung der Marketingorganisation genutzt werden. Daher empfiehlt es sich, den Piloten anhand der Überlegungen zu der KI-basierten Ablauf- und Aufbauorganisation zu strukturieren. Die Rollen im Team entsprechen demnach dem Aufbau der Marketing-Interaktions-Teams. Zu klären ist, ob insbesondere aus dem Bereich Technologie und Daten zusätzliche Rollen in das Team integriert werden. Entscheidend dabei ist, dass die KI-Initiative eigenständig durch das Team bearbeitet und umgesetzt werden kann. Das Vorgehensmodell orientiert sich an der dargestellten Ablauforganisation. Eine hohe Umsetzungsgeschwindigkeit sowie die schrittweise Anpassung und Optimierung stehen im Vordergrund. Demnach werden auf Basis erster Erkenntnisse aus den Datenanalysen hypothesenbasiert Experimente aufgesetzt, ausgewertet und verbessert.

Fachliche und persönliche Fähigkeiten
Die Auswahl der Teammitglieder erfolgt nach fachlichen und persönlichen Kriterien. Im Hinblick auf die fachlichen Qualifikationen sind

grundlegende Kenntnisse im Bereich KI-Technologie und Daten entscheidend. Dabei geht es zum einen um das Verständnis der Einsatzmöglichkeiten und Potentiale von KI-Modellen und zum anderen um die Fähigkeit, diese in die Anwendung zu bringen. Liegen diese Kompetenzen nicht ausreichend vor, sollte externe Unterstützung hinzugezogen werden. Zu diesem Zeitpunkt liegt der Fokus jedoch nicht auf der Evaluation und Auswahl der zukünftigen Technologie, sondern auf der Fähigkeit schnell umzusetzen, erste Ergebnisse zu erzielen und Erfahrungen zu sammeln. Ansonsten sind neben fachlichen Marketinganforderungen vor allem die Persönlichkeitsprofile der Teammitglieder entscheidend. Dabei stehen die Motivation ein neues Thema anzugehen, die Fähigkeit zur Zusammenarbeit, die Entscheidungsfähigkeit unter Unsicherheit und ein Grundverständnis zum Geschäftsmodell im Vordergrund.

Rolle des CMO
Die sichtbare Unterstützung der KI-Initiative ist der wichtigste Beitrag des CMO. Er sollte eine gestaltende Rolle beim Aufsetzen der Initiative, der gemeinsamen Zieldefinition und der Ressourcenbereitstellung einnehmen. Mit Start der Initiative wechselt die Rolle in eine unterstützende und beratende Begleitung, in der er dem Team die Sicherheit gibt, dass beispielsweise eine Zielverfehlung nicht als Scheitern empfunden wird, sondern der Wert des Lernens im Vordergrund steht. Außerhalb der konkreten KI-Initiative sollte er diese im weiteren Unternehmen positionieren und transparent zu dem Hintergrund, der Zielsetzung, den Ergebnissen und Erkenntnissen informieren.

Auswahl des Use Cases
Die Auswahl eines geeigneten Use Cases kann mit Hilfe von drei Kriterien vorgenommen werden. Das erste Kriterium ist die Datenbasis. Es sollten ausreichend Daten vorliegen, auf deren Grundlage ein KI-Modell entwickelt, trainiert und validiert werden kann. Diese Daten sollten mit dem Start der Initiative einer Qualitätsprüfung unterzogen werden. Zweitens sollte der Use Case für das Unternehmen relevant sein. Relevanz bedeutet, dass er Teil eines Kernprozesses im Marketing ist und bei Skalierung den Erfolg des Unternehmens signifikant beeinflusst. Das dritte Kriterium ist eine schnelle Umsetzbarkeit bei geringen Anlaufinvestitionen.

> **Loslegen mit KI im Marketing**
> 1. Der KI-Pilot als Lerninstrument für eine KI-basierte Auf- und Ablauforganisation
>   - Bildung eines ersten Marketing-Interaktions-Teams
>   - Erprobung des hypothesengeleiteten Experimentansatzes
> 2. CMO Unterstützung als die notwendige Bedingung für das Gelingen des KI-Piloten
>   - CMO ist Begleiter und Ratgeber
>   - CMO positioniert und kommuniziert KI-Initiative im Gesamtunternehmen
> 3. Heterogene Teamzusammenstellung
>   - KI und Datenkompetenz: Verständnis für Einsatzgebiete, Potentiale und Anwendung
>   - Soziale Fähigkeiten wie Zusammenarbeit und Motivation sind wichtiger als Marketingfachkompetenz
> 4. Kriteriengeleitete Herangehensweise bei der Use Case Auswahl
>   - Grundvoraussetzung ist die Datenverfügbarkeit
>   - Use Case ist relevant und skalierbar
>   - Use Case ist schnell und mit geringen Investitionen umsetzbar

3.4 Skalierung von KI im Unternehmen

Viele Unternehmen sind in der Lage, erste KI-Initiativen zu starten. Sie scheitern jedoch an der langfristigen und nachhaltigen Ausweitung auf alle relevanten Prozesse und Funktionen. Lediglich durch einen ganzheitlichen und skalierten Einsatz von KI im Unternehmen wird das gesamte Potential ausgeschöpft und die Wettbewerbsfähigkeit sichergestellt. Um die Skalierung im Unternehmen voranzutreiben, muss ein CMO zwei Fragen beantworten:

> **Fragen**
> 1. Welches Verhalten eines CMO begünstigt die Skalierung von KI?
> 2. Welche Diskussion muss ein CMO im Management Board anstoßen?

Die Grundregeln für das Verhalten des CMO

Die Erfolgsfaktoren für die Einführung von KI aus Abschn. 2.2 zeigen auf, dass persönliche Kompetenzen und die Art der Organisation und Zusammenarbeit den Erfolg von KI maßgeblich beeinflussen. Daher empfiehlt es sich für den CMO Vorreiter bei der persönlichen Weiterentwicklung im Hinblick auf die neuen Anforderungen zu sein. Dies betrifft einerseits alle Bereiche rund um das Grundverständnis für KI und Technologie. Andererseits die Offenheit für neue Formen der Zusammenarbeit sowie der Ablauf- und Aufbauorganisation. Die größte Wirkung kann er dadurch erzielen, dass er den eigenen Lernbedarf offenlegt, indem er beispielsweise an Schulungen unabhängig von Hierarchiestufen teilnimmt.

Weiterhin ist es von Bedeutung, Mut zu zeigen und durch den Start einer ersten KI-Initiative in die Umsetzungsverantwortung zu gehen. Es empfiehlt sich, sehr transparent über den Fortgang der Initiative im Unternehmen zu informieren und offen mit etwaigen Misserfolgen umzugehen. In der Kommunikation ist es ratsam, die Bedeutung der Menschen und des Lernens in den Mittelpunkt zu stellen.

Darüber hinaus sollte der CMO das Prinzip verfolgen, dass eine Skalierung nur bei unternehmensweiter, funktionsübergreifender Zusammenarbeit gelingen kann. Der CMO übernimmt zwar als Vorbild die Verantwortung der ersten KI-Initiativen, ansonsten versteht er sich als Teil eines Management Teams, welches gemeinsam die notwendigen Rahmenbedingungen für den Erfolg des Einsatzes von KI schafft. Die Rolle des CMO sollte es sein, die relevanten Diskussionen im Management Board anzustoßen.

Die neue Rolle des CMO
1. Der CMO ist Vorbild bei der persönlichen Weiterentwicklung.
2. Der CMO geht in die Verantwortung für die erste KI-Initiative.
3. Der CMO sieht sich als Teil eines auf bereichsübergreifende Zusammenarbeit angelegtes Management Board.

Die Fragestellungen für das Management Board
Die erfolgreiche Einführung und Skalierung kann nur gelingen, wenn das gesamte Unternehmen weitestgehend unabhängig von der Organisationsstruktur gemeinsam den Weg beschreitet und gestaltet. Das Management Board hat dabei Vorbildfunktion. Daher sollten alle relevanten Fragestellungen gemeinsam im Board diskutiert werden. Damit betreten alle zusammen Neuland und entwickeln eine gemeinsame Sprache und ein einheitliches Verständnis. Dies ist entscheidend dafür, dass sich im Unternehmen ein Rahmen herausbildet, der von allen getragen wird und Orientierung bietet.

Fragestellungen zur Gestaltung der KI-Narrative
In diesem Bereich kommt dem CMO entscheidende Bedeutung zu. Er kann auf Basis der ersten Marketingerfahrungen mit KI anhand konkreter Beispiele die Einsatzmöglichkeiten, Potentiale aber auch die Auswirkungen auf Abläufe und Mitarbeiter darstellen. Damit wird KI anfassbar und ist der Startpunkt für das Management Board, ein gemeinsames Grundverständnis zu entwickeln. Aufgrund der weitreichenden Bedeutung von KI muss das Management Bord diskutieren, wie KI in die Unternehmensstrategie eingebunden wird und welche Vision sowie ethischen Prinzipien die Einführung und Nutzung begleiten sollen. Des Weiteren kann es notwendig sein, kulturelle Elemente des Unternehmens wie beispielsweise die Stärkung einer hypothesengeleiteten Experimentierkultur weiterzuentwickeln. Dazu sollte das Management Board für sich Klarheit schaffen, welche Verhaltensweisen seiner Mitglieder, diese Entwicklung fördern. Einer der wesentlichen Erfolgsfaktoren bei der Einführung von KI ist, über die Gründe und die Auswirkungen zu informieren, damit sich ein gemeinsames Verständnis in dem gesamten Unternehmen herausbildet, aber auch etwaige Ängste abgebaut werden. Die Skalierung von KI gelingt nur, wenn Investitionen in Technologie, Personal- und Organisationsentwicklung getätigt werden. Die Finanzierung sowie die zeitliche und organisatorische Verteilung müssen gemeinsam diskutiert und entschieden werden. Ferner sollte auch die Frage geklärt werden, welche Partnerschaften sich zur Unterstützung bei der Einführung anbieten oder auch bei der nachhaltigen Skalierung strate-

gisch als sinnvoll erweisen und daher langfristig aufgebaut werden sollten. Im Zuge dessen sollte das Ökosystem aus Partnern, Lieferanten und Wettbewerbern vollständig neu definiert werden.

Fragestellungen zur Gestaltung des KI-Organismus
Die wichtigste Frage bei funktional aufgebauten Unternehmen ist die nach der bereichsübergreifenden Zusammenarbeit. Diese ist entscheidend bei dem langfristigen Ausbau von KI. Neben der Vorbildfunktion des Management Boards sind Fragen nach den Regeln und Methoden der Zusammenarbeit zu klären. Dabei empfiehlt es sich die Ziele abzustimmen, bestehende Zielkonflikte und den Umgang mit diesen festzuhalten. Dies erleichtert den Mitarbeitern auf operativer Ebene die Zusammenarbeit und vermeidet Verzögerungen durch zusätzliche Abstimmungsrunden. Sollte in dieser Diskussion keine Lösung gefunden werden, kann es hilfreich sein, die bestehenden Aufbau- und Ablaufstrukturen anzupassen. Um den Erfolg der Maßnahmen bewerten zu können, bietet es sich an, neue Kennzahlen einzuführen, die die Fähigkeit zu Zusammenarbeit und Informationsaustausch oder die Entscheidungsfähigkeit messen.

Fragestellungen zu den KI-Kompetenzen
Der Ausgangspunkt aller Überlegungen ist die Bewertung der bestehenden Kompetenzen im Hinblick auf die erwarteten Herausforderungen durch KI. Dieser Schritt ist für alle Hierarchieebenen und Funktionen der Organisation unerlässlich. Daraus leiten sich einerseits die notwendigen Personalentwicklungsmaßnahmen ab. Andererseits können auch die Defizite aufgezeigt werden, die nicht intern behoben werden können. Diese müssen in Folge dessen durch externe Einstellungen ausgeglichen werden. Neben den persönlichen Kompetenzen der Mitarbeiter bilden die technologische Basis und die damit erforderlichen Fähigkeiten die Grundlage für KI. Um diese langfristig auf KI auszurichten, muss eine Datenstrategie festgelegt werden. In dieser werden die Fragen nach der Dateninfrastruktur und des Datenmanagements geklärt und bilden damit die Grundlage für den Aufbau einer integrierten Datenplattform. In diesem Zusammenhang müssen auch die Themen Datenschutz und Datensicherheit besprochen und entsprechende Strategien verabschiedet werden.

> **Wichtige Fragestellungen bei der Skalierung von KI-Projekten**
>
> 1. Die KI-Narrative
>   - Wie entwickeln das Management Board und das Gesamtunternehmen ein einheitliches Grundverständnis (Einsatzmöglichkeiten, Potentiale, Auswirkungen) zu KI?
>   - Welches ist die Vision und die ethische Leitlinie für den Einsatz von KI?
>   - Welche kulturellen Aspekte sind wichtig und wie kann das Board diese fördern?
>   - Welche Kommunikationsstrategie wird für die Einführung von KI verfolgt?
>   - Welche Investitionen müssen getätigt werden und wie werden diese gegeneinander abgewogen?
>   - Welche Partnerschaften müssen neu geschlossen werden und was bedeutet dies für das Grundverständnis des Ökosystems?
>
> 2. Der KI-Organismus
>   - Wie können die Bereiche in den KI-Initiativen zusammenarbeiten?
>   - Welche Strukturen in der Aufbauorganisation müssen aufgebrochen werden?
>   - Wie sieht das Governance-Modell aus?
>   - Welche Zielkonflikte bestehen, die beseitigt werden müssen?
>   - Welche neuen Kennzahlen werden zur Steuerung eingeführt?
>
> 3. Die KI-Kompetenzen
>   - Wie werden die internen Kompetenzen eingeschätzt und welche Personalentwicklungsmaßnahmen sind notwendig?
>   - Welche Kompetenzen müssen extern eingestellt werden?
>   - Wie sieht die Datenstrategie (Daten Governance, Daten Infrastruktur, Datensicherheit, Datenschutz) der Zukunft aus?

3.5 Profil des CMO

Blickt man auf die dargestellten Aufgaben bei der Einführung und Skalierung von KI, so wird deutlich, dass ein CMO nicht die eine Rolle einnehmen kann, sondern er muss unterschiedliche Rollen wahrnehmen. Abb. 3.6 vermittelt eine grobe Übersicht.

3 Die neue Rolle des Chief Marketing Officers

Abb. 3.6 Rollen eines CMO in einem KI-basierten Umfeld

CMO als „Netzwerker"
Ein CMO trat in der Vergangenheit in der externen Wahrnehmung häufig als Agentursteuerer auf. In der neuen Rolle als Treiber von Innovationen wird neben der Kompetenz einer taktischen Dienstleistersteuerung auch die des Aufbaus und der Vertiefung von Netzwerken zunehmend wertvoller. Die Netzwerke haben das Ziel, den Zugang zu externen Datenquellen und Technologien zu erschließen sowie Impulse für Innovationen zu setzen. Die Form der Zusammenarbeit in diesem Netzwerk kann taktisch-informell geprägt sein. Es ist aber auch denkbar, diese zu formalen Partnerschaften, bis hin zum Aufbau von Joint Ventures, Beteiligungen oder Übernahmen auszuweiten.

Innerhalb des Unternehmens kommt einem CMO dann eine entscheidende Bedeutung zu, wenn er integrativ zusammen mit dem Management Board, die Vision und Strategie des Unternehmens im Hinblick auf KI neu definiert. Entscheidend ist dabei nicht nur die fachlich orientierten Diskussionen zu führen, sondern auch das Netzwerk innerhalb des Boards, aber auch im gesamten Unternehmen, durch die Art der Kommunikation, Information und Führung zu stärken. Die so entstehenden Verbindungen geprägt durch gemeinsames Verständnis, gegenseitige Wertschätzung und Offenheit bilden eine verlässliche Grundlage für die tiefgreifenden Änderungen, die in einer KI-geprägten Umgebung zu erwarten sind.

CMO als „Designer"
Auf Basis des Rahmens der KI-Strategie muss ein CMO die operative Ausgestaltung begleiten. Im Kern steht dabei, das Beziehungsgeflecht eines Unternehmens neu zu entwerfen. Hierbei müssen die Aufbau- und Ablauforganisation überprüft, Rollen neu definiert sowie Ziele und Entscheidungsprozesse angepasst werden. Im Zuge dieser Entwicklung ist ein CMO weniger Designer von Kundenkommunikation oder Serviceleistungen, sondern von Beziehungen und Interaktionen innerhalb des Unternehmens.

CMO als „Maschinist"
Neben strategischen Diskussionen und dem Ausbau der Beziehungen im Unternehmen muss sich ein CMO auch stärker mit den operativen Fragestellungen beschäftigen. Dabei geht es nicht darum, die Entscheidungen zu treffen, sondern ein Verständnis für die Herausforderungen, die Chancen, aber auch die benötigten Kompetenzen für KI zu entwickeln. Hierbei geht es vor allem auch um die Themenfelder Daten und Technologie, die in der Vergangenheit nicht im Mittelpunkt waren. Zusätzlich zu der fachlichen Qualifikation kann ein CMO auch eine entsprechende Wirkung bei den Mitarbeitern erzielen, wenn er sich in den „Maschinenraum" begibt und offen mit seinen eventuell vorhandenen Defiziten umgeht und eine entsprechende Lernbereitschaft signalisiert. Diese Qualifikationen eines CMO in KI-getriebenen Marketingorganisationen thematisiert auch Aleksandra Solda-Zaccaro, ehemalige CMO der Messe München, in ihrem Interview (siehe Video in Abb. 3.7).

Abb. 3.7 Interview mit Aleksandra Solda-Zaccaro (Bitte verwenden Sie zum Abspielen dieses Videos die SN More Media-App und scannen Sie die folgende URL: (▶ https://doi.org/10.1007/000-78p))

Die Ansprüche an die Rolle eines CMO sind vielfältig. Die Erfüllung erfordert vom CMO einen kontinuierlichen Prozess der Selbstüberprüfung durch eigenständige Reflektion oder zusammen mit Mitarbeitern und Kollegen. Als Leitfaden dafür kann die nachfolgend dargestellte Stellenbeschreibung für einen CMO in einem KI-basierten Umfeld dienen.

Die neue Stellenbeschreibung eines Chief Marketing Officers
Um unser Unternehmen auf die sich schnell wandelnden Rahmenbedingungen vorzubereiten, suchen wir einen ergebnisorientierten und innovativen Chief Marketing Officer. Der ideale Kandidat ist offen für die neuesten Entwicklungen in den Bereichen Technologie und Datenanalyse und übersetzt diese in konkrete kunden- und marktgerichtete Produkte und Services. Wir suchen einen, unabhängig vom Alter und der Erfahrung, lernfähigen Menschen, der die Herausforderungen als gemeinsame Aufgabe versteht und sich und andere dafür begeistern kann.

Aufgaben
- Entwicklung der KI-basierten Marketingstrategie unter Berücksichtigung von ethischen und datenschutzrechtlichen Grundsätzen und Verknüpfung dieser mit der Unternehmensvision und -strategie.
- Fortlaufende Kommunikation zu den Zielen, den erwarteten Marktentwicklungen und den Auswirkungen auf das Unternehmen und die Belegschaft.
- Aufbau eines Partnernetzwerkes im Rahmen einer Neugestaltung des Marketing-Ökosystems.
- Weiterentwicklung der Ablauf- und Aufbauorganisation im Marketing zur Erhöhung der Anpassungsfähigkeit, Umsetzungsorientierung, -geschwindigkeit und Kundenorientierung.
- Zusammen mit dem CIO Aufbau einer integrierten Marketingdatenplattform.
- Kurz-, mittel- und langfristige Sicherstellung der Zielerreichung und Erhöhung der Marketingeffizienz.
  Zusammen mit dem CHRO Entwicklung geeigneter Personalentwicklungskonzepte und eines Employer Branding Konzepts für externe Einstellungen.

Fähigkeiten
- Offene Kommunikation mit den Mitarbeitern ist ihr/ihm wichtig.
- Sie/Er ist neugierig auf die aktuellen Trends und Entwicklungen und kann diese auf unterschiedliche Geschäftsmodelle übertragen.
- Sie/Er kann sein Ego zu Hause lassen und hat Freude an Teamarbeit.
- Sie/Er bringt ein breites Methodenspektrum von Projektmanagement bis hin zum agilen Arbeiten mit.
- Sie/Er ist experimentierfreudig und nutzt dabei Daten als Orientierung.
- Sie/Er ist Ratgeber und Begleiter für seine Mitarbeiter und Kollegen.
- Ihre/Seine Intuition ist es, alle neuen Themen nach Auswirkungen auf die Kunden und Mitarbeiter sowie den Erfolg des Unternehmens zu bewerten.
- Sie/Er versteht Ethik, Datenschutz und -sicherheit als Chance zur Differenzierung.

Was Sie aus diesem *Science meets Practice* mitnehmen können

- KI wird integraler Bestandteil einer Marketingorganisation und stellt einen wesentlichen Baustein zur Reaktion auf die Anforderungen aus einer gestiegenen Marktdynamik dar.
- Ein CMO als Treiber von Innovation und operativer Exzellenz ist Impulsgeber für den Einsatz von KI in Unternehmen.
- Die Skalierung und damit vollständige Potentialentfaltung von KI im Marketing gelingt über eine Neugestaltung der Ablauf- und Aufbauorganisation.
- Die wesentlichen Handlungsfelder für einen CMO sind die Gestaltung der KI-Narrative, des KI-Organismus sowie der KI-Kompetenzen.
- Ein neuer CMO ist zugleich Netzwerker und Designer von Zusammenarbeit sowie Teil des Maschinenraums, der Technologie auf Basis von Daten entwickelt.

Literatur

Alsheiabni, S., Messom, C., & Cheung, Y. (2019). Factors inhibiting the adoption of artificial factors inhibiting the adoption of artificial intelligence at organizational-level: A preliminary investigation. *Proceedings of the 25th Americas Conference on Information Systems*, Paper 2.

Barsky, N. (2021). Starbucks just set two digital transformation marks that cannot be ignored. *Forbes, 16*, 2021.

Berthiaume, D. (2020). *Starbucks improves customer experience with AI*. https://chainstoreage.com/starbucks-improves-customer-experience-ai. Zugegriffen am 24.04.2022.

Brandt, M. (2021). *165 Millionen Premium-Accounts*. https://de.statista.com/infografik/13769/monatlich-aktive-nutzer-und-zahlende-abonnenten-von-spotify-weltweit/. Zugegriffen am 24.04.2022.

Brock, J. K.-U., & von Wangenheim, F. (2019). Demystifying AI: What digital transformation leaders can teach you about realistic artificial intelligence. *California Management Review, 61*(4), 110–134.

Bruyn, A. de, Viswanathan, V., Beh, Y. S., Brock, J. K.-U., & von Wangenheim, F. (2020). Artificial intelligence and marketing: Pitfalls and opportunities. *Journal of Interactive Marketing, 51*(August), 91–105.

Chui, M., Manyika, J., Miremadi, M., Henke, N., Chung, R., Nel, P., & Malhotra, S. (2018). Notes from the AI frontier: Insights from hundreds of use cases. *McKinsey & Company Discussion Paper*. https://www.mckinsey.com/featured-insights/artificial-intelligence/notes-from-the-ai-frontier-applications-and-value-of-deep-learning. Zugegriffen am 24.04.2022.

Davenport, T., Guha, A., Grewal, D., & Bressgott, T. (2020). How artificial intelligence will change the future of marketing. *Journal of the Academy of Marketing Science, 48*(1), 24–42.

Dhanesh, G. S. (2020). Who cares about organizational purpose and corporate social responsibility, and how can organizations adapt? A hypermodern perspective. *Business Horizons, 63*(4), 585–594.

Du, R. Y., Netzer, O., Schweidel, D. A., & Mitra, D. (2020). Capturing marketing information to fuel growth. *Journal of Marketing, 85*(1), 163–183.

Fountaine, T., McCarthy, B., & Saleh, T. (2019). Building the AI-powered organization. Technology isn't the biggest challenge. Culture is. *Harvard Business Review, 97*(4), 62–73.

Hair, J. F., & Sarstedt, M. (2021). Data, measurement, and causal inferences in machine learning: Opportunities and challenges for marketing. *Journal of Marketing Theory and Practice, 29*(1), 65–77.

Homburg, C., Vomberg, A., Enke, M., & Grimm, P. H. (2015). The loss of the marketing department's influence: Is it really happening? And why worry? *Journal of the Academy of Marketing Science, 43*(1), 1–13.

Huang, M.-H., Rust, R., & Maksimovic, V. (2019). The feeling economy: Managing in the next generation of artificial intelligence (AI). *California Management Review, 61*(4), 43–65.

Iansiti, M., & Lakhani, K. R. (2020). *Competing in the age of AI. Strategy and leadership when algorithms and networks run the world*. Harvard Business Review Press.

Infosys. (2017). Amplifying human potential. Towards purposeful artificial intelligence. *Discussion Paper*. https://www.infosys.com/aimaturity/documents/amplifying-human-potential-cio-report.pdf. Zugegriffen am 24.04.2022.

Jarek, K., & Mazurek, G. (2019). Marketing and artificial intelligence. *Central European Business Review, 8*(2), 46–55.

Jarrahi, M. H. (2018). Artificial intelligence and the future of work: Human-AI symbiosis in organizational decision making. *Business Horizons, 61*(4), 577–586.

Kalaignanam, K., Tuli, K. R., Kushwaha, T., Lee, L., & Gal, D. (2021). Marketing agility: The concept, antecedents, and a research agenda. *Journal of Marketing, 85*(1), 35–58.

Kaplan, A., & Haenlein, M. (2019). Siri, Siri, in my hand: Who's the fairest in the land? On the interpretations, illustrations, and implications of artificial intelligence. *Business Horizons, 62*(1), 15–25.

Kaplan, A., & Haenlein, M. (2020). Rulers of the world, unite! The challenges and opportunities of artificial intelligence. *Business Horizons, 63*(1), 37–50.

Kolbjornsrud, R., Amico, R., & Thomas, R. J. (2016). How artificial intelligence will redefine management. *Harvard Business Review*. https://hbr.org/2016/11/how-artificial-intelligence-will-redefine-management. Zugegriffen am 24.04.2022.

Kumar, V. (2018). Transformative marketing: The next 20 years. *Journal of Marketing, 82*(4), 1–12.

Levy, A. (2018). *How Netflix's AI saves it $1 Billion every year*. https://www.fool.com/investing/2016/06/19/how-netflixs-ai-saves-it-1-billion-every-year.aspx. Zugegriffen am 24.04.2022.

Martin, K. D., & Murphy, P. E. (2017). The role of data privacy in marketing. *Journal of the Academy of Marketing Science, 45*(2), 135–155.

Müller-Stewens, B., Müller-Stewens, G., & Müller-Stewens, J. (2020). Der Chief Marketing Officer. In M. Bruhn, C. Burmann & M. Kirchgeorg (Hrsg.), *Marketing Weiterdenken* (S. 555–574). Springer Gabler.

Overgoor, G., Chica, M., Rand, W., & Weishampel, A. (2019). Letting the computers take over: Using AI to solve marketing problems. *California Management Review, 61*(4), 156–185.

Parker, S. (2020). *How Netflix is using artificial intelligence and big data to drive business performance*. https://www.smartdatacollective.com/how-netflix-is-using-artificial-intelligence-and-big-data-to-drive-business-performance/. Zugegriffen am 24.04.2022.

Rai, A. (2020). Explainable AI: From black box to glass box. *Journal of the Academy of Marketing Science, 48*(1), 137–141.

Raithel, A., Sarstedt, M., Scharf, S., & Schwaiger, M. (2012). On the value relevance of customer satisfaction. Multiple drivers and multiple markets. *Journal of the Academy of Marketing Science, 40*(4), 509–525.

Ransbotham, S., Kiron, D., Gerbert, P., & Reeves, M. (2017). Reshaping business with artificial intelligence. *MIT Sloan Management Review, 59*(1), 1–23.

Sleep, S., & Hulland, J. (2019). Is big data driving cooperation in the c-suite? The evolving relationship between the chief marketing officer and chief information officer. *Journal of Strategic Marketing, 27*(8), 666–678.

Starbucks. (2021). *Key takeaways from Starbucks Q3 FY21 earnings results.* https://stories.starbucks.com/stories/2021/key-takeaways-from-starbucks-q3-fy21-earnings-results/. Zugegriffen am 24.04.2022.

Statista. (2022). *Anzahl der monatlich aktiven Nutzer von Spotify vom 1. Quartal 2015 bis zum 4. Quartal 2021.* https://de.statista.com/statistik/daten/studie/812290/umfrage/monatlich-aktive-nutzer-von-spotify-weltweit/. Zugegriffen am 24.04.2022.

Tambe, P., Cappelli, P., & Yakubovich, V. (2019). Artificial intelligence in human resources management: Challenges and a path forward. *California Management Review, 61*(4), 15–42.

Verhoef, P. C., & Leeflang, P. S. H. (2009). Understanding the marketing department's influence within the firm. *Journal of Marketing, 73*(2), 14–37.

Wecke, B. (2022). *Künstliche Intelligenz in Marketingorganisationen. Eine Mehrfallstudie zur Identifikation von Barrieren und Einflussfaktoren bei der Einführung und Nutzung Künstlicher Intelligenz.* Dissertation, Magdeburg.

Wilson, J. A., & Daugherty, P. R. (2019). Creating the symbiotic AI workforce of the future. *MIT Sloan Management Review, 61*(1), 1–4.

The manufacturer's authorised representative in the EU is Springer Nature Customer Service Centre GmbH, Europaplatz 3, 69115 Heidelberg, Germany. If you have any concerns regarding our products, please contact ProductSafety@springernature.com

Printed and bound by CPI Group (UK) Ltd, Croydon, CR0 4YY

23/03/2026

02076394-0002